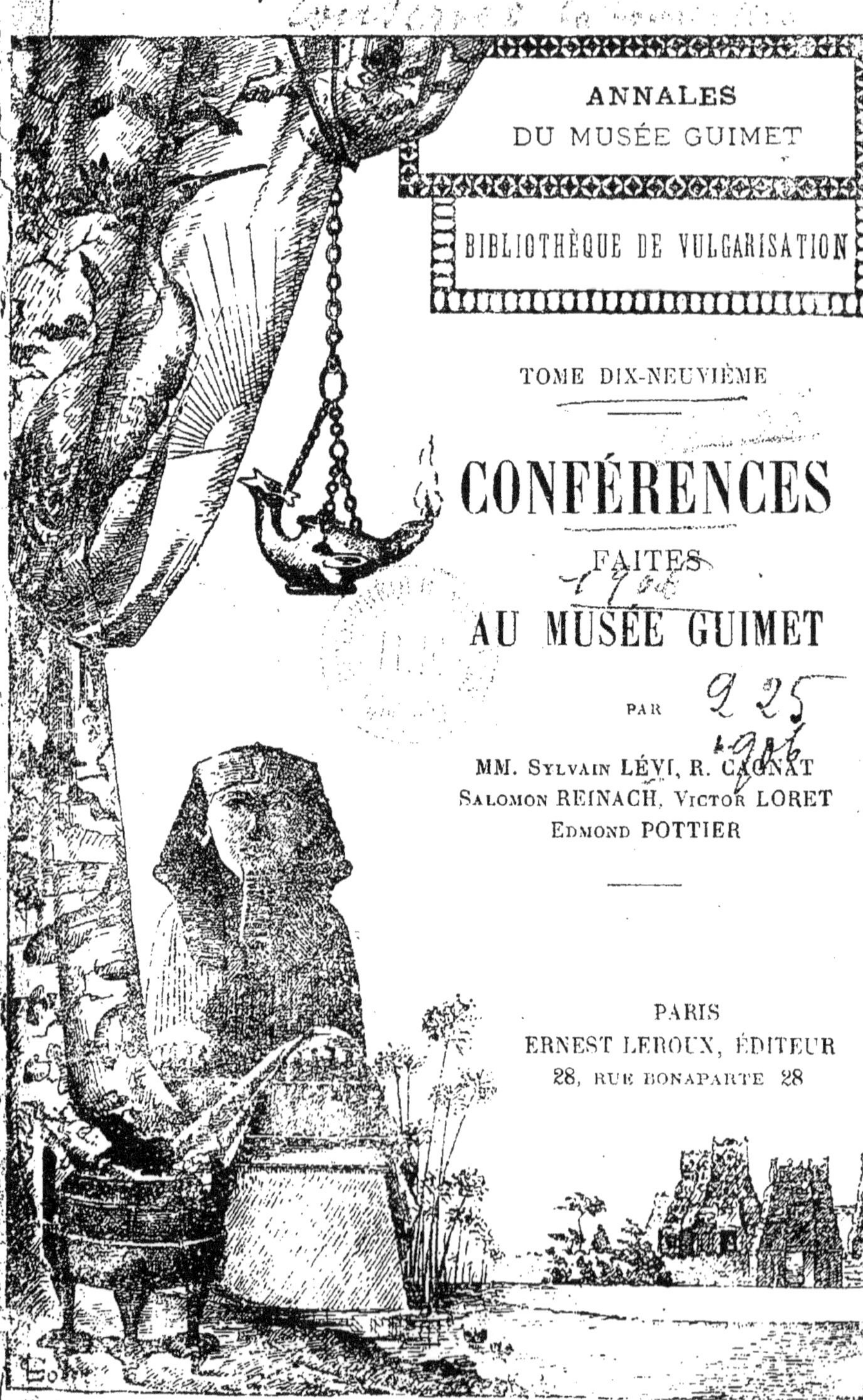
ANNALES
DU MUSÉE GUIMET
BIBLIOTHÈQUE DE VULGARISATION
TOME DIX-NEUVIÈME
CONFÉRENCES
FAITES
AU MUSÉE GUIMET
PAR
MM. SYLVAIN LÉVI, R. CAGNAT
SALOMON REINACH, VICTOR LORET
EDMOND POTTIER
PARIS
ERNEST LEROUX, ÉDITEUR
28, RUE BONAPARTE 28

ANNALES DU MUSÉE GUIMET
BIBLIOTHÈQUE DE VULGARISATION
Tome XIX

CONFÉRENCES
AU MUSÉE GUIMET

Chalon-s.-Saône. – Imprimerie Française et Orientale, E. BERTRAND

CONFÉRENCES

FAITES

AU MUSÉE GUIMET

PAR

MM. Sylvain LÉVI, R. CAGNAT,
Salomon REINACH, Victor LORET,
Edmond POTTIER

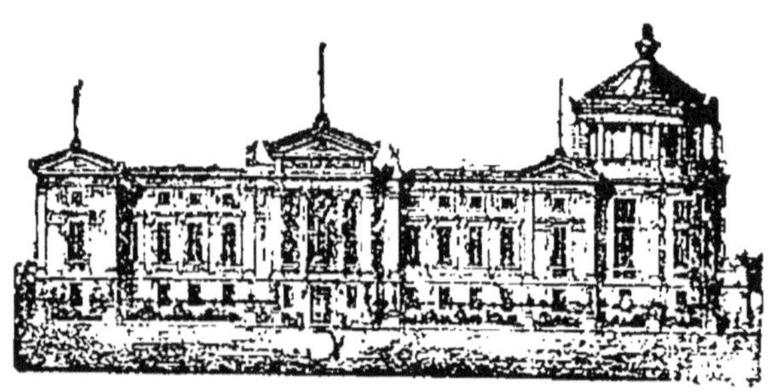

PARIS
ERNEST LEROUX, ÉDITEUR
28, rue Bonaparte, VIe

1906

LES JÂTAKAS

Étapes du Bouddha sur la voie des transmigrations

PAR

SYLVAIN LÉVI

A l'heure du triomphe décisif, quand des hauteurs du ciel aux profondeurs des abîmes l'univers applaudissait à la défaite suprême du démon, le Bouddha salua l'aube naissante d'un hymne enthousiaste :

De naissances en naissances — Dans le cercle des existences — J'ai couru, sans paix ni trêve — cherchant qui fait la maison. — Quelle souffrance que de naître — Et de renaître encor, toujours !

Faiseur de maison, je t'ai vu ! — De maison, tu n'en feras plus ! — Je t'ai brisé tous les montants, — Détruit jusqu'au toit la maison ! — Rien n'altère plus ma raison. — Plus de désirs ! tous au néant !

Ce chant de victoire ouvre au Bouddha la

dernière étape de sa carrière. En possession des vérités sublimes, il va désormais les publier au monde et propager la Bonne Loi, avant de s'éteindre dans la béatitude du Nirvâṇa. Mais, en arrivant au but, sûr d'une conquête qui ne peut plus lui échapper, il se retourne avec une fierté légitime pour mesurer d'un coup d'œil la route parcourue et les obstacles surmontés. Il n'évoque pas seulement à sa mémoire les séductions du palais paternel à Kapila-vastu, multipliées par une affection inquiète qui ne désespérait pas de démentir des prédictions trop nettes et de retenir le jeune prince sur son trône héréditaire; il ne revoit pas seulement les quatre rencontres décisives qui lui montrèrent un vieillard, un malade, un mort, et un moine, et qui lui révélèrent sa vocation inéluctable, ni sa fuite hors du harem endormi où il abandonnait une jeune épouse et un fils nouveau-né, ni ses courses en quête d'un maître qui pût lui enseigner le salut, ni ses longues mortifications restées stériles, ni l'extase libératrice où il avait découvert la voie. Sa vision portait plus loin, dans la perspective infinie du passé. Dans les ténèbres de la nuit finale, soudainement illuminé par la splendeur de la Vérité absolue, — la Bodhi, — il avait à la première veille connu les existences d'autrefois. Les siècles écoulés, par milliards de milliards, s'étaient ouverts devant lui ; il assistait, saisi d'une sorte de stupeur, à la prodigieuse gestation qui prépare un Bouddha.

Tous les êtres, nous le savons[1], sont les héritiers et les continuateurs de leur propre *karman*; la somme totale de nos destinées antérieures se condense dans notre vie présente, et grossie de ce nouveau facteur elle ira former nos existences à venir. Le bouddhisme, comme les autres religions de l'Inde, admet sans discussion ce dogme fondamental. Il enseigne aussi, d'autre part, que le moi est une illusion, une erreur ; la formule essentielle, répétée et développée à satiété, déclare que rien de ce qui existe n'a de personnalité. La suite des phénomènes se déroule comme une sorte de transmission mécanique, qui ne laisse pas de place au jeu de la personne. La personnalité apparente n'est qu'une combinaison d'éléments passagère, appelée fatale-

1. V. *La Transmigration des âmes dans les croyances hindoues*, conférences faites au Musée Guimet en 1903-1904, p. 85-118.

ment à se dissoudre. On a souvent, à ce propos, accusé le bouddhisme de contradiction interne ; ses adversaires hindous et ses critiques occidentaux lui reprochent de nier la personnalité et d'admettre cependant la rémunération. Je ne veux pas entrer ici dans le détail d'une controverse épineuse, compliquée encore par les raffinements d'une scholastique inépuisable[1]. Je n'ai pas davantage à me constituer l'avocat ou le champion du bouddhisme. Le Bouddha pourrait se contenter de répondre qu'il a voulu simplement instituer une règle morale de vie pour atteindre à la suppression de la douleur, et qu'il n'a pas prétendu bâtir un système complet de philosophie. Au surplus, la contradiction qu'on signale tient plus, peut-être, aux conceptions propres des critiques qu'au fond de la doctrine. Le Bouddha ne demande pas tant à l'individu de travailler pour lui-même que de travailler pour le bien ; moins l'acte sera personnel, plus le mérite en sera grand. L'idée du Nirvâṇa, où tend toute

1. Je me contente de renvoyer, pour un exposé d'ordre technique, aux articles de M. de Lavallée-Poussin : La Négation de l'Ame et la Doctrine de l'Acte, dans le *Journal Asiatique*, septembre-octobre 1902 et novembre-décembre 1903.

la doctrine, l'exprime clairement. Le saint qui s'est affranchi de toutes les passions, de tous les désirs, n'en attend pas de récompense ; les dieux, qui ne sont supérieurs aux hommes que par l'abondance même de leurs jouissances, seraient mal qualifiés pour rétribuer des sages qui ont méprisé ces jouissances. Le seul fruit qui soit logiquement digne d'un pareil mérite, c'est l'anéantissement. L'acte accompli sans une vue intéressée est, si l'on peut dire, neutralisé ; il ne dégage pas de force qui puisse provoquer un groupement nouveau des éléments, une fois dissociés par la mort.

*

Cette béatitude, le Bouddha pouvait en jouir depuis longtemps ; il n'avait pas besoin de s'imposer une longue attente. Des millions d'années avant sa naissance à Kapilavastu, il était digne d'entrer dans le Nirvâṇa ; de longue date il possédait les qualités requises, et l'occasion nécessaire s'était plus d'une fois présentée. Ne fait pas, en effet, son salut qui veut ; il faut encore vivre au temps d'un Bouddha, et posséder à ce moment précis la condition d'homme : une femme, un dieu, une grenouille, peuvent accumuler les bonnes actions ; leurs mérites compteront plus tard, et leur vaudront peut-être dans un avenir indéterminé de renaître hommes à une heure opportune ; l'une avec son sexe, l'autre dans le ciel, l'autre encore dans son marais sont exclus du Nirvâṇa. Il faut singulièrement jouer de bonheur, ou, si la métaphore n'est point blasphématoire, il faut avoir réussi à mettre bien des atouts dans son jeu pour réaliser cette condition essentielle au moment précis où paraît un Bouddha. Les Bouddhas sont rares ; l'intervalle qui les sépare n'a rien de périodique; il peut osciller entre des myriades et des millions d'années : un risque de plus encore à courir. Avant le Bouddha Çâkyamuni, d'autres Bouddhas avaient paru. Pourquoi donc n'a-t-il pas accompli son salut sous Kâçyapa qui l'a précédé, ou sous Kanakamuni qui a précédé Kâçyapa, ou sous Krakucchanda qui a précédé Kanakamuni, ou même sous leurs devanciers ? Lui manquait-il alors une des conditions nécessaires ? Le Bouddha lui-même nous répond : Non ! Grâce à l'omniscience qui accompagne naturellement la Bodhi, il connaissait le secret de ses anciennes existences ; il s'est plu à conter à ses disciples ses multiples naissances. Ces histoires, sans équivalent dans aucune littérature, sont désignées chez les bouddhistes sous le nom technique de *jâtaka*.

Le mot *jâtaka* est une formation secondaire dérivée du mot *jâta*, participe de la racine verbale *jan*, qui signifie « naître ». Sans abuser de la grammaire comparée, il est permis de rappeler que ce verbe apparaît sans profonde altération dans nos langues classiques ; sans être grand clerc, on peut connaître gi)-gno-(mai, gen-(os en grec, co)-gna-(tus, a)-gna-(tus en latin. *Jâta* signifie « né », et *jâtaka* « histoire de naissance ». Les *jâtakas* sont exclusivement le récit des naissances du Bouddha. Cependant le Bouddha ne connaît pas seulement ses propres naissances ; il connaît aussi les naissances passées de toutes les créatures, et il les raconte à l'occasion. Ces récits forment une classe spéciale, qui porte le nom d'*avadânas*; le mot signifie au propre « une action d'éclat ». Jâtakas et avadânas réunis constituent donc, en épisodes isolés, une histoire générale des êtres avant l'époque du Bouddha. Je laisserai ici de côté, autant que possible, les avadânas qui élargiraient à l'excès le cercle de mes observations et qui méritent une étude à part, puisqu'ils nous indiquent la société qui gravite autour du Bouddha; je m'en tiendrai aux jâtakas qui ont toujours le Bouddha pour figure centrale; s'il n'y tient pas toujours le premier rôle, il en est toujours le beau rôle.

Nous possédons des jâtakas dans toutes les langues que le bouddhisme a employées : en sanscrit, en prâcrit, en pâli; le birman, le siamois, le chinois, le tibétain nous en conservent de plus un grand nombre que nous n'avons plus dans leur rédaction originale. On en rencontre dans toutes sortes d'ouvrages, intercalés en manière d'épisodes ou d'illustrations; le Mahâvastu, par exemple, en est positivement bourré. L'ouvrage se donne comme une biographie du Bouddha Çâkyamuni ; mais chacun des épisodes appelle comme une explication nécessaire le souvenir d'une existence antérieure, qui prépare et justifie l'événement actuel. En outre, il existe aussi des recueils spéciaux, je dirais presque canoniques, tant leur autorité est consacrée. Chez les Bouddhistes de langue sanscrite, qui ont occupé la plus grande partie de l'Inde, l'Asie centrale et le monde chinois, c'est la Jâtaka-mâlâ « la Guirlande des Jâtakas » ; elle contient trente-quatre histoires, rédigées en prose et en vers mélangés, dans une langue classique, savante sans pédantisme, travaillée sans affectation. La date n'en est pas connue avec précision; l'auteur, Ârya Çùra, vivait dans les premiers siècles de l'ère chrétienne. La Bible pâlie, le Tipiṭaka admis comme le canon de l'église bouddhique à Ceylan, en Birmanie, au Siam, au Cambodge, possède un recueil analogue de très près à la Jâtaka-mâlâ; c'est le Cariyâ-piṭaka, où le Bouddha lui-même raconte trente-cinq de ses existences passées, classées au point de vue des perfections diverses qu'il y a manifestées. Mais il existe en pâli un autre recueil beaucoup plus important, à cause de son étendue et des matériaux dont il est formé; on l'appelle par excellence le Jâtaka. Il prétend raconter cinq cent cinquante jâtakas; mais le total en est flottant, à cause de la classification adoptée; pour des raisons d'ordre apparent, les compilateurs ont tantôt rappelé plusieurs fois le même récit, tantôt incorporé au contraire plusieurs récits sous une seule rubrique. J'indiquerai ici le principe de leur classification, si techniques que les détails doivent en paraître; car c'est sur les mêmes principes que, les Védas y compris, toutes les grandes collections religieuses de l'Inde ont été organisées.

Chaque récit a pour noyau des vers traditionnels, écrits dans un dialecte évidemment ancien ; c'est là la partie solide et stable du récit, qui se communiquait de génération en génération. L'histoire qui servait de cadre et d'explication à ces vers restait abandonnée à la fantaisie des narrateurs et ne fut rédigée que tardivement. La doctrine orthodoxe affirme que la rédaction en prose pâlie conservée dans le Tipiṭaka est une version exécutée dans les premiers siècles de l'ère chrétienne d'après un texte singhalais, aujourd'hui perdu, et qui représentait lui-même la version en langue indigène d'un original pâli introduit à Ceylan en même temps que les vers ou *gâthâs*. Quoi qu'il en soit de cette théorie suspecte, la prose est incontestablement postérieure aux gâthâs. Au reste, les compilateurs regardaient si bien les gâthâs comme l'élément organique des jâtakas qu'ils les ont justement classés d'après le nombre de gâthas qu'ils contiennent, sans faire même entrer en ligne de compte les autres vers introduits souvent par surcroît dans la narration. Les jâtakas d'une gâthâ forment une première section, au nombre de 150; ceux de deux gâthâs, une seconde section au nombre de 100; ceux de trois et quatre gâthâs, deux sections de 25 jâtakas chacune, et ainsi de suite. Les jâtakas au dessus de 80 gâthâs sont réunis dans la dernière section.

Le procédé d'exposition est toujours le même; le narrateur rapporte plus ou moins brièvement les circonstances qui ont provoqué le récit du Bouddha; ensuite vient ce récit lui-même; enfin, en guise de conclusion, le Bouddha relie le passé au présent, en marquant l'identité des personnages sous leurs rôles différents. Il va sans dire que, pour les orthodoxes, les jâtakas sont réellement la parole de Bouddha, tout au moins pour les gâthâs; ils furent, comme les autres textes du canon, « chantés en chœur » au concile qui suivit immédiatement la mort du Bouddha et qui fixa l'enseignement authentique du Maître. Une chronique de l'Église singhalaise, datée du IVe siècle après Jésus-Christ environ, note même un remaniement tendancieux de la collection. Au Concile de Vaiçâlî, réuni cent ans après le Nirvâṇa, les moines schismatiques qui formaient la majorité et qui constituèrent « la Grande Église » (Mahâsâṃghika) « rejetèrent une portion des jâtakas et en substituèrent d'autres ». C'est simplement une manière de constater la différence entre les deux traditions ; chacune des sectes rivales réclamait naturellement pour elle un brevet d'authenticité, et, pour en être plus sûr, elle se le décernait. Nous serions en fin de compte très embarrassés d'assigner à ces récits une antiquité positive, sans le témoignage des documents figurés. Il subsiste encore dans l'Hindoustan, au sud d'Allahabad, un monument en ruines qu'on peut dater sans hésitation des environs de l'an 200 avant l'ère chrétienne ; le stûpa de Barhut consiste essentiellement dans un hémisphère de terre et de briques entouré d'une sorte de palissade en pierres ; les montants et les traverses de cette palissade sont décorés de bas-reliefs empruntés à la légende bouddhique ; ils ne sont pas seulement destinés à embellir le sanctuaire, ils font corps avec lui. Le fidèle qui venait visiter le stûpa commençait par en faire le tour, afin de lui témoigner son respect ; au cours de ce rite ambulatoire, les images pieuses qui s'offraient à sa vue l'aidaient à sanctifier sa pensée et nourrissaient sa dévotion. Les scènes représentées sont pour la plupart des jâtakas ; l'art, fortement original, des sculpteurs a su si bien exprimer et condenser dans chaque médaillon tous les épisodes successifs de la même histoire qu'on a pu les reconnaître en grande partie depuis le premier examen. Au reste, les artistes eux-mêmes ont plus d'une fois pris soin de graver sur leurs bas-reliefs le sujet représenté : « *Isimigo jâtaka ; Uda-jâtaka ; Biḍâla-jâtaka* », etc. Les sculptures de Barhut ne nous font pas assister à l'éclosion de cet art ; il reproduit sans nul doute des formes et des procédés appliqués antérieurement au bois, et dont les spécimens sont irrévocablement anéantis de longue date. Bien des siècles plus tard, nous retrouvons loin de l'Inde, dans l'île de Java, au temple de Boro-Boudour le même système de décoration employé avec une profusion inouïe ; les jâtakas s'y déroulent en longue frise, comme une illustration régulière et continue des textes classiques. Le stûpa de Barhut atteste sans équivoque la popularité des jâtakas dans l'église bouddhique deux ou trois siècles avant Jésus-Christ.

Si nous consultons les jâtakas, nous saurons maintenant, par le témoignage du Bouddha lui-même, les raisons qui l'ont décidé à prolonger effroyablement sa course dans le cercle des existences, alors qu'il pouvait en sortir si tôt. Il nous faut remonter en arrière, si loin que le total des années dépasse l'imagination, jusqu'au temps du Bouddha Dîpankara. En ce temps-là vivait un brahmane instruit, pieux, qui s'était retiré du monde. Il apprend dans son ermitage que Dîpankara vient visiter la ville la plus prochaine, il s'empresse d'accourir, demande à se mêler aux habitants qui préparent hâtivement leurs chaussées pour le cortège du saint. Chargé de réparer un endroit marécageux, il est surpris par l'arrivée de Dîpankara sans qu'il ait eu le temps d'achever la besogne. Il s'empresse alors d'étaler sur le sol les guenilles et l'écorce dont il est vêtu, ses tresses ascétiques qu'il a vivement dénouées, et son corps même, pour servir de pont au Maître. Il forme en même temps un pieux souhait : « Que le Bouddha avec ses disciples me foule à ses pieds ! qu'il ne marche pas dans la boue, et ce sera pour mon bien ! » Puis cette pensée lui vient à l'esprit : « Si je le voulais, je pourrais aujourd'hui même éteindre en moi la flamme des souillures; je n'aurais qu'à m'engager comme novice dans la communauté, et j'entrerais alors dans Rammanagara. Mais je n'ai que faire d'atteindre ainsi en inconnu le Nirvâṇa après avoir éteint en moi les souillures. Ne dois-je pas plutôt comme Dîpankara aux dix forces, marcher résolument à la suprême Bodhi, embarquer la multitude sur la nef de la Loi, la transporter par-delà l'Océan des transmigrations, et seulement alors entrer dans le Nirvâṇa total? Voilà, certes, qui est digne de moi! » Son parti est pris; il a fait son choix. Dîpankara, par son omniscience de Bouddha, a connu le vœu ainsi formé; il le réalise, et prédit à son adorateur qu'il sera un jour Bouddha sous le nom de Gautama: « Ainsi, arrivé à l'autre rive, fais-y arriver les autres; délivré, délivre; consolé, console; parvenu au Nirvâṇa complet, fais-y parvenir les autres! » (*Mahâvastu* I, 239, 12, et cf. le Pûrṇa avadâna dans *Burnouf*, *Introd.*, p. 254.)

A partir de ce moment, le futur Gautama, Siddhârtha, ou Çâkyamuni est une créature de Bodhi; c'est un Bodhisattva, car la Bodhi est son essence même. Pour une promotion aussi haute, la sainteté régulière n'est pas encore suffisante; ce n'est pas assez de prendre un engagement en présence d'un Bouddha vivant, ou de ses reliques, ni d'avoir quitté le siècle, ni de posséder les cinq Connaissances et les huit Plénitudes ; il y faut une somme d'énergie, de zèle, de vigueur qui ne peut s'exprimer que par des comparaisons. Il faut qu'il puisse se dire : « Si l'univers entier était une seule masse d'eau, je la traverserais par la force de mes bras pour passer sur l'autre rive ! Si l'univers entier était un immense fourré de bambous, à force de poings et de pieds j'y ouvrirais un passage pour atteindre l'autre bout », etc. ! La préparation d'un grand homme, et le Bouddha est le Grand Homme par excellence (*Mahâ-puruṣa*) impose à la nature un long travail ; il faut que le candidat désigné par la Bodhi apprenne par de multiples et douloureuses expériences toutes les puissances mauvaises dont il n'a plus seulement à s'émanciper, mais qu'il doit tenir en échec et briser pour un temps au profit de l'humanité entière. Il faut qu'il pratique sans se relâcher ni se lasser les dix Perfections cardinales : le Don, la Morale, la Patience, le Courage, la Contemplation, la Sagesse, les Procédés, le Vœu, la Force, le Savoir. Dès lors, sous chaque Bouddha, le futur

Çâkyamuni reparaît : sous le Bouddha Kauṇḍinya, il est le roi Vijitâvin, et se montre si généreux que son peuple inquiet l'exile ; il se retire dans l'Himâlaya, et dans son ermitage il distribue encore aux autres ascètes les prémices de ses fruits. Le dieu Çakra, pour l'éprouver, lui montre un enfer magique où l'aumône est punie ; Vijitâvin ne se laisse pas convaincre, et accepte l'enfer s'il le faut, plutôt que de renoncer à l'aumône. Sous le Bouddha Mañgala, il héberge et traite somptueusement la Communauté tout entière, au nombre de millions de moines. Sous le Bouddha Sumana, il est Atula, roi des Nâgas, et renouvelle ses largesses au profit de l'Église. Sous le Bouddha Revata, il est le brahmane Atideva ; sous Çobhita, il est le brahmane Ajita. Il est inutile de poursuivre cette énumération d'apparence historique, mais de caractère purement scolastique. Les jâtakas ont mieux à nous offrir. Des moines, ambitieux d'ordonnance savante, ont pu seuls combiner un système suivi de chronologie avec des matériaux de fantaisie. Le jâtaka, de sa nature, est une œuvre de circonstance, surgie au hasard des incidents journaliers. Pour les ordonner en série chronologique, autant écrire sérieusement une histoire des animaux d'après les fables. Comme la fable, et plus qu'elle encore, le jâtaka est :

> Une ample comédie aux cent actes divers
> Et dont la scène est l'univers.

Le plus grand nombre des jâtakas se passe au temps « où Brahmadatta régnait à Bénarès » ; nous disons en Europe : « vieux comme Hérode ». Le Bodhisattva y paraît dans les rôles les plus variés; il est tour à tour ascète, roi, savant. courtisan, brahmane, prince, noble, marchand, propriétaire, esclave, potier, hors-caste, cornac, bûcheron, voleur, charmeur, joueur, mâçon, forgeron, acteur, étudiant, orfèvre ; tantôt il est dieu, Brahma, Çakra, divinité d'un arbre ; ou bien c'est un simple animal, singe, cerf, lion, canard, éléphant, coq, bécasse, aigle, cheval, taureau, paon, serpent, lézard, poisson, rat, cheval, corbeau, porc, chien, poule d'eau, grenouille, lièvre, milan, coq de bruyère. Le Bouddha, on le voit, n'a pas le préjugé de la noblesse; il montre, par un exemple réconfortant, qu'on peut à tous les rangs de la création réaliser en soi la perfection et servir les intérêts collectifs de l'univers. Les matériaux les plus disparates viennent se fondre harmonieusement dans ce recueil incohérent et toujours ouvert. On y a déjà signalé, sous des arrangements variés, l'histoire si populaire de Râma, qui a donné à l'Inde son épopée classique, le Râmâyaṇa. Tout récemment encore on y signalait un parallèle rigoureusement exact du Trésor du roi Rhampsinite, ce conte populaire de l'Égypte recueilli sur les bords du Nil par le grec Hérodote. Il n'est pas jusqu'aux fables les plus répandues dans l'Occident, qui ne se retrouvent dans la masse des jâtakas. C'est une rencontre assez piquante de voir paraître le Bouddha parmi les devanciers de notre La Fontaine. Je n'aurai qu'à lire quelques spécimens hindous; les vers du bonhomme chanteront d'eux-mêmes dans toutes les mémoires.

Jâtaka de la tortue (*Collection pâlie du Jâtaka* II, 7, 5)

« *C'est sa faute qui l'a tuée.* » C'est là ce que le Maître a raconté lorsqu'il demeurait dans le Jetavana, à propos de Kokâlika. (Kokâlika est le type du mauvais moine, bavard, vantard, malveillant, acharné surtout par la jalousie contre les deux disciples préférés du Bouddha, Çâriputra et Maudgalyâyana, attaché à leurs pas avec une obstination qui prend l'air de la fidélité, délateur et calomniateur.) Le Maître dit alors : « Ce n'est pas d'aujourd'hui seulement que Kokâlika est victime de sa langue; il l'a déjà été autrefois. » Et il raconta ce trait du passé.

Jadis, quand Brahmadatta régnait à Bénarès, le Bodhisattva revint naître dans une famille de ministres. Parvenu à l'âge convenable, il fut nommé conseiller politique et spirituel. Le roi d'alors était bavard; quand il se mettait à parler, il ne laissait plus la place à personne. Le Bodhisattva aurait bien voulu le guérir de son bavardage, et il réfléchissait à trouver un moyen. En ce temps-là, il y avait dans la région de l'Himalaya une tortue qui demeurait dans un étang. Deux petits canards, en cherchant leur pâture, se lièrent intimement avec elle. Devenus ses amis intimes, ils lui dirent : « Amie tortue, dans notre Himalaya, en haut du pic de Beau-Mont, près la caverne d'or, il y a un séjour délicieux à habiter; c'est le nôtre. Viens y donc avec nous. — Comment irai-je avec vous? — Nous te prendrons avec nous; il faut seulement surveiller ta langue, et ne rien dire à personne. — J'y prendrai garde; prenez-moi et allons! — Bon! » Ils lui firent prendre entre les dents un bâton; ils prirent eux-mêmes dans leur bec les deux extrémités et partirent à travers l'espace. En la voyant ainsi menée par les canards, des gamins de village crièrent : « Tiens! deux canards qui enlèvent une tortue avec un bâton! — Et si mes amis m'emmènent, est-ce que cela vous regarde, méchants gamins ? dit la tortue, ou plutôt elle voulait le dire. Les canards allaient si vite qu'ils passaient juste sur la ville de Bénarès, au-dessus du palais royal, quand elle ouvrit la bouche et lâcha le bâton ; elle tomba dans une cour, et se brisa en deux. Surpris, les gens s'écrièrent : « Une tortue est tombée dans la cour et s'est brisée en deux! » Le roi prenant avec lui le Bodhisattva, entouré de ses ministres, s'en vint voir la tortue, et il questionna le Bodhisattva : « O sage, qu'a-t-elle donc fait qu'elle est tombée ? » Le Bodhisattva se dit : Voilà longtemps que je cherche à donner un avis salutaire au roi : cette tortue se sera liée d'amitié avec des canards, qui lui ont dit : nous te conduirons à l'Himalaya, elle a dû prendre entre les dents un bâton, partir à travers l'espace; elle aura entendu quelqu'un parler, elle n'a pas surveillé sa langue, et pour parler elle aura lâché le bâton ; elle sera tombée ainsi du ciel et aura causé sa perte. Et il dit : Oui, grand roi, les bavards qui ne savent pas s'arrêter de parler arrivent ainsi à leur perte. Et il prononça ces stances *(gâthâs)* :

1. C'est sa faute qui l'a tuée; — la tortue a voulu parler; — elle avait bien serré la perche; — mais sa langue a causé sa perte.

2. Tu le vois donc, ô grand héros! — Ne parlons pas hors de propos.— La tortue apéri, regarde, — Pour avoir été trop bavarde.

« C'est à mon intention qu'il parle » se dit le roi, et il ajouta tout haut : Le sage a parlé pour moi. Le Bodhisattva s'expliqua : Grand roi, que ce soit toi ou un autre, qui parle hors de toute mesure arrive à pareil malheur. A partir de là le roi cessa de bavarder et parla peu.

Le maître ayant rapporté cette leçon conclut le jâtaka : « La tortue de ce temps-là, c'était Kokâlika; les deux canards étaient les deux grands disciples ; le roi était Ânanda, et le sage ministre, c'était moi.

Jâtaka de la Peau de Lion *(Ib.*, II, 4, 9)

« *Ce n'est pas le cri du lion, non!* » Cette histoire aussi le Maître la raconta à propos de

Kokâlika ; il demeurait alors au Jetavana. En ce temps-là Kokâlika voulut se mêler de réciter avec les accents d'intonation. Le Maître en entendit parler et il rapporta ce trait du passé.

Jadis, quand Brahmadatta régnait à Bénarès, le Bodhisattva revint naître dans une famille de laboureurs. Parvenu à l'âge convenable, il gagna sa vie à labourer la terre. En ce temps-là un marchand circulait avec des marchandises qu'il chargeait sur son âne. N'importe où il arrivait, il descendait ses ballots du dos de l'âne, couvrait la bête d'une peau de lion et la lâchait au beau milieu des champs de riz ou d'orge. Les gardiens des champs en le voyant se disaient : C'est un lion, et ils n'osaient pas approcher. Un jour donc, le marchand s'était installé à la porte d'un village et y faisait cuire sa nourriture ; il avait couvert l'âne d'une peau de lion et l'avait lâché au beau milieu des champs de riz et d'orge. Les gardiens des champs se disant : C'est un lion, n'osaient pas s'approcher ; ils retournèrent chez eux annoncer la chose. Tous les habitants du village prenant des armes, soufflant des conques, battant des tambours, s'en vinrent près du champ et poussèrent de grands cris. L'âne crut à un péril mortel et se mit à braire comme un âne. Alors le Bodhisattva, reconnaissant que c'était un âne, dit d'abord cette stance.

1. Ce n'est pas le cri du lion, non! — Du tigre, ni de l'éléphant. — Revêtu d'une peau de lion; — C'est un âne qui brait bêtement.

Les habitants du village, apprenant que c'était un âne lui brisèrent les os, le mirent en pièces, prirent sa peau de lion et s'en allèrent. Et alors le marchand étant survenu vit que son âne avait du malheur et il dit ce vers :

2. Il pouvait encore, le baudet — Se bourrer longtemps d'orge verte; — Sa peau de lion le défendait — Son braiment a causé sa perte.

Comme il parlait ainsi, l'âne mourut sur la place. Le marchand le laissa là, et partit.

Le Maître ayant rapporté cette leçon conclut le jâtaka : « L'âne de ce temps-là, c'était Kokâlika, et le paysan avisé c'était moi. »

De ces régions de sagesse moyenne où se complaît en tous pays la fable, le jâtaka s'élève naturellement, sans effort au plus haut sommet de la beauté morale. Je me contenterai d'un seul exemple :

Jâtaka de l'avis au roi (*Ib.*, II, 1, 1)

« *Par la force il triomphe du fort* ». Le Maître, quand il demeurait au Jetavana, a raconté ceci à propos d'un avis au roi. Un jour le roi de Koçala, ayant tranché une affaire difficile à résoudre, prit son repas du matin, et les mains humides encore, il monta sur un char bien paré, se rendit auprès du Maître, adora les pieds du Maître qui ont la beauté des lotus épanouis, et s'assit près de lui. Alors le Maître lui dit : Eh, d'où vient donc, grand roi, que tu arrives en plein jour ? — Vénérable, j'ai eu aujourd'hui à trancher une affaire difficile à résoudre et qui ne m'a pas laissé de temps ; je viens tout juste d'en finir ; j'ai mangé et les mains humides encore je suis venu te trouver. Le Maître : Grand roi, c'est bien de trancher les affaires selon la loi, selon la vertu ; c'est le chemin du Ciel. Mais en vérité, il n'est pas étonnant que toi, recevant l'avis d'un être comme moi qui sais tout, tu tranches les affaires selon la loi et la vertu. Ce qui est merveilleux, c'est que des rois d'autrefois, en entendant les paroles de sages qui ne savaient pas tout, aient pu trancher les affaires selon la loi et la vertu, éviter ce qui mène à de mauvaises destinées, observer les dix devoirs royaux, régner selon la loi, et aller à leur mort occuper une place au ciel. Et ayant dit ainsi, il rapporta, sur la demande de son interlocuteur, ce trait du passé.

Jadis, quand Brahmadatta régnait à Bénarès, le Bodhisattva revint naître dans le sein de la première épouse royale; il reçut tous les sacrements de la conception, et sortit heureusement du sein maternel. Quand il s'agit de lui donner un nom, on l'appela Brahmadatta-kumâra. Il arriva par degrés à l'âge convenable, et quand il eut seize ans, il s'en alla à Taksaçilâ où il se forma dans toutes les connaissances ; puis, comme son père était mort, il monta sur le trône et régna selon la loi et la vertu. Il décidait des affaires sans se laisser aller au caprice. Et comme il régnait selon la loi, ses ministres aussi décidaient les affaires selon la loi. Comme les affaires se décidaient selon la loi, il n'y avait pas de plaintes portées mensongèrement. Et comme elles manquaient, la cour du roi cessa de retentir des cris des plaignants. Les ministres restaient tout le jour assis à leur tribunal sans voir un seul plaignant venir, et ils se retiraient. La salle du tribunal finit par être abandonnée. Le Bodhisattva se dit : Comme je règne selon la loi, personne ne vient apporter d'affaire à trancher; on n'entend plus de plaintes; la salle du tribunal a dû être abandonnée. Maintenant il faut que je me mette à chercher mes défauts, et quand je saurai que j'ai tel ou tel défaut, je m'en déferai et vivrai dans la vertu. Et dès lors, demandant : Y a-t-il quelqu'un qui me dise des défauts ? il se mit à questionner les gens de l'intérieur du palais, mais il n'y trouva personne pour lui dire ses défauts et n'entendit parler que de ses vertus. Ils ont peur de moi, se dit-il, et parlent de mes défauts comme si c'étaient des vertus. Et il se mit à questionner les gens du dehors, mais il n'y trouva personne pour répondre, et il se mit à questionner les gens de la ville, et ensuite les gens des faubourgs, dans les villages situés aux quatre portes. Et là encore, il ne trouva personne pour lui dire ses défauts et n'entendit parler que de ses vertus. « Eh bien ! j'irai questionner les gens de la campagne ! » Et confiant à ses ministres le pouvoir royal, il monta sur un char, en ne prenant avec lui que son cocher, sortit de la ville dans un déguisement qui le rendait méconnaissable, et questionnant les gens de la campagne il alla jusqu'au pays limitrophe sans trouver personne pour lui dire ses défauts, n'entendant parler que de ses vertus. De la frontière, il retourna par la grande route vers sa capitale.

Or, dans ce temps-là, il y avait aussi un roi du Koçala nommé Mallika qui régnait selon la loi. Il se mit aussi à la recherche de ses défauts, et ne trouvant personne à l'intérieur pour lui dire ses défauts, n'entendant parler que de ses vertus, il alla questionner les gens de la campagne et arriva ainsi en ce même lieu. Tous les deux se trouvèrent face à face dans le fond d'une vallée, sur la route de chars. Point de place pour garer un char. Alors le cocher du roi Mallika dit au cocher du roi de Bénarès : Écarte ton char. — Ohé, cocher! à toi d'écarter ton char ; dans ce char ici, le maître du royaume de Bénarès, le grand roi Brahmadatta est assis. — Ohé, cocher! répliqua l'autre, dans ce char ici le maître du royaume de Koçala, le grand roi Mallika est assis. Écarte ton char et laisse la place au char de notre roi. Le cocher du roi de Bénarès réfléchit : C'est aussi un roi ! qu'est-ce que je vais faire ? Ah ! il y a un moyen. Je m'en vais lui demander son âge ; c'est au char du plus jeune à s'écarter pour céder la place au char de l'aîné. Ainsi résolu, il demanda au cocher l'âge du roi de Koçala. Il se trouva que les deux rois avaient exactement le même âge. Il eut beau questionner sur l'étendue du royaume, la force militaire, la richesse, la réputation, la caste, le clan, la famille. Tous les deux commandaient à un royaume de trois cents yojanas d'étendue; il étaient égaux de force militaire, de richesse, de réputation, de caste, de clan, de famille. Eh bien, se dit-il, je lui céderai la place s'il est le plus vertueux. Et il demanda : Ton roi, comment est-ce qu'il pratique la vertu ? L'autre répondit : Voici comment mon roi pratique la vertu, — et présentant ses défauts comme des qualités, il dit ce vers :

1. *Par la force il triomphe du fort ; — Avec les doux, Mallika est plus doux encore; — Avec les bons, c'est par le bien qu'il l'emporte ; — Avec les méchants, sa méchanceté est la plus forte. — Voilà quel est mon souverain. — Ton char, cocher, hors du chemin !*

Alors le cocher du roi de Bénarès : Eh quoi ! tu as bien réellement énoncé les vertus de ton roi ? — Oui. — Si c'est là ses vertus, quels sont donc ses défauts ? — Bon, mettons que ce soient des défauts. Et ton roi, quelles sont ses vertus. — Ecoute, — et il dit cette stance :

2. *C'est par la douceur qu'il vainc la colère ; — C'est par la bonté qu'il vainc le méchant ; — L'avarice, il la vainc par la charité ; — Il vainc le mensonge par la vérité. — Voilà quel est notre souverain. — Ton char, cocher, hors du chemin !*

A ces paroles, le roi Mallika et son cocher descendirent tous les deux du char, dételèrent les chevaux, tirèrent le char à l'écart, et cédèrent la route au roi de Bénarès. Le roi de Bénarès, s'adressant au roi Mallika, l'instruisit sur le devoir : puis il partit à Bénarès, y fit toutes sortes d'œuvres pies, aumônes, etc., et à la fin de sa vie il alla prendre place au ciel. Et le roi Mallika, ayant reçu cette instruction, s'en fut questionner les gens de la campagne, mais il ne trouva personne pour lui dire ses défauts, et il retourna à sa capitale ; il y fit toutes sortes d'œuvres pies, aumônes, etc., et à la fin de sa vie il alla prendre place au ciel.

Le Maître, ayant rapporté cette leçon pour l'instruction du roi de Koçala, conclut ainsi le jâtaka : « Le cocher du roi Mallika, c'est aujourd'hui Maudgalyâyana ; le roi, c'est Ânanda ; le cocher du roi de Bénarès, c'est Çâriputra, et le roi, c'est moi ».

Je n'ai traduit jusqu'ici que les jâtakas de la recension pâlie, aisément reconnaissables à leur allure traînante, à leur simplicité un peu négligée, à leur contexture d'une régularité uniforme, avec leur épisode d'introduction, leurs stances, leur prose narrative et leur conclusion nécessaire. Je vais donner en regard deux récits tirés de la Jâtaka-mâlâ sanscrite ; au travers de la traduction même, le contraste ne manquera pas de ressortir. Nous sommes en présence d'un écrivain de race qui dispose avec une maîtrise insurpassable des ressources d'une langue affinée et polie à plaisir par des générations de grammairiens et d'artistes, exercée à tous les jeux de la réflexion et de l'imagination, apte à exprimer les nuances les plus subtiles avec les trésors d'un vocabulaire inépuisable. La foi n'a rien perdu en s'alliant avec cette culture littéraire ; la noblesse du ton s'accorde harmonieusement avec la noblesse des sentiments mis en œuvre.

Jâtaka de la tigresse (*Jâtaka-mâlâ*, I)

ADORATION A TOUS LES BOUDDHAS ET LES BODHISATTVAS !

1. Bienheureuses, bénies par la somme de toutes les vertus, éternellement glorieuses, plaisantes sans être jamais rebattues sont les actions merveilleuses du Saint dans ses existences passées. Je veux par piété leur offrir en hommage la poignée de fleurs de ma poésie.

2. Ces actions dignes d'être célébrées sont les signes éclatants qui marquent le chemin de la perfection. Soyez donc gracieux, même vous, esprits moroses ! Les récits édifiants n'ont-ils pas toujours eu un charme extrême ?

3. Comme j'ai la conscience de travailler ainsi au bien du monde, j'entreprendrai cette œuvre laborieuse par une voie qui ne le cède point aux pratiques des ṛṣis traditionnels en contant les hauts faits du plus grand des êtres pour concilier à mon imagination la faveur des oreilles[1].

4. Les égoïstes même, attachés à leur seul intérêt, n'ont pas pu imiter l'éclat de ses vertus et de son intelligence alors qu'il travaillait uniquement au bien d'autrui. Son nom, l'Omniscient,

1. Jeu de mots sur *çruti*, la tradition védique dans le 2ᵉ pâda, l'ouie dans le 4ᵉ.

proclame la gloire splendide de sa parole véridique. Ma tête s'incline devant lui, l'incomparable, avec la Religion et l'Église[1].

Tous les êtres ont éprouvé la nature tendre autant que désintéressée de Bhagavat ; il a été l'âme de tous les êtres dans ses existences passées, et c'est pourquoi nous devons donner sans restriction notre foi au Bouddha Bhagavat. Voici le récit que nous a transmis notre maître, respectable par les trois joyaux, qui avait gagné le cœur des plus nobles par son intelligence et ses vertus, ennobli par la recherche du mérite moral. C'est un haut fait accompli par Bhagavat dans une existence antérieure et célèbre dans le monde.

Bhagavat était alors un Bodhisattva. Sa charité, sa douceur de langage, son zèle à rendre service répondaient à ses promesses en les surpassant ; sa parfaite sagesse préservait de l'erreur les mouvements impétueux de son cœur compatissant. Il faisait le bonheur des créatures. Il y avait alors une famille brahmanique grande et savante, qui se plaisait à ses devoirs propres et menait ainsi une vie honnête ; le Bodhisat-

1. Buddha, Dharma, Saṃgha : les trois joyaux et les trois refuges.

tva la choisit pour y prendre naissance. Il reçut les sacrements dans l'ordre prescrit, à partir des cérémonies de la naissance ; en grandissant, son intelligence naturelle, les secours particuliers dont il disposait, sa curiosité de savoir et son application lui méritèrent bientôt la maîtrise dans les dix-huit genres de la science et dans tous les arts en harmonie avec le rang de sa famille.

5. *Il était comme Brahma parmi les brahmanes ; comme un roi, il était respecté des rois ; pour les créatures, c'était le Dieu aux mille yeux qui se montrait aux yeux ; pour les chercheurs de vérité, c'était un père appliqué à se rendre utile.*

Il avait un si heureux destin et tant de vertus qu'il attirait plus que personne au monde le profit, l'honneur et la gloire. Mais la pratique de la loi lui avait purifié l'esprit ; il avait sérieusement pensé à sortir du siècle, et le Bodhisattva ne se trouvait pas ainsi satisfait.

6. *Les pratiques antérieures avaient épuré son intelligence ; il voyait dans les désirs l'origine de multiples maux ; la vie de famille lui parut un état de souffrance, il s'en dégagea et devint la parure d'une forêt.*

7. Et là, par un absolu détachement, par un calme que la sagesse purifiait, il instruisit l'humanité à se détacher du penchant aux mauvaises actions et à connaître la paix du cœur.

8. Son apaisement fait de bonté enveloppait et entraînait dans son courant toutes les âmes ; ne cherchant plus à s'entre-nuire, les serpents et les bêtes vivaient comme des ascètes.

9. La pureté de sa vie, produite par l'asservissement des sens, le contentement intime et la grande compasion, le rendait cher même aux créatures qu'il ne connaissait pas, autant que le monde lui était cher.

10. Il avait si peu de désirs, il ignorait tant la tromperie, il avait si bien renoncé à la recherche du profit, de la gloire, des plaisirs, qu'il entraînait à l'apaisement et à la foi le cœur des divinités même.

11. En apprenant qu'il vivait en ermite, les hommes que ses vertus enchaînaient de cœur quittaient parents et famille pour être ses disciples, forme suprême du bonheur !

12. Il formait ses disciples à une morale pure, à fixer l'attention sur les sens, à veiller sur la mémoire, à vivre en solitaires, à méditer sur la bonté et les autres vertus au mieux de leurs forces.

Or, un jour, la multitude toujours élargie des disciples était presque arrivée à la perfection ; le monde solidement fixé sur le noble chemin avait été conduit sur la bonne voie du renoncement ; les portes de l'enfer étaient comme fermées ; les voies du salut étaient devenues comme de grandes routes, pour circuler heureusement dans le monde des phénomènes ; le magnanime, accompagné d'Ajita qui était alors son disciple parcourait les broussailles et les antres des montagnes qui conviennent aux plus hautes méditations.

13. *Et alors il vit la femelle d'un tigre dans un antre de la montagne qui venait de mettre bas et que les douleurs avaient réduite à une langueur inerte.*

14. *Les yeux amaigris, la peau du ventre toute coupée de plis, elle regardait comme une proie à manger ses petits qui venaient à peine de naître.*

15. *Ils s'approchaient de la mamelle, impatients d'y boire, confiants en leur mère et tranquilles, et elle les menaçait avec des hurlements intenses, comme des ennemis.*

16. *Le Bodhisattva la vit, et malgré sa fer-*

meté d'âme, il se mit à trembler, pris de pitié pour le mal d'autrui, comme fait le roi des sommets quand la terre tremble.

17. Inébranlables en leur fermeté quand le malheur les frappe avec violence, les âmes compatissantes frémissent au mal le plus léger d'autrui ! N'est-ce point merveille, en vérité ?

Alors le Bodhisattva bégayant d'émotion, trahissant la hauteur extrême de sa nature, la voix assourdie par la force de la pitié, dit à son disciple : « Mon cher, mon cher ! »

18. Vois la misère de la vie ! Voilà donc une tigresse avec ses propres petits qui sans respect pour les lois de l'amour maternel veut les manger pour satisfaire sa faim.

19. Hélas ! faut-il que l'amour de soi pousse l'atrocité si loin, qu'une mère en vienne à vouloir dévorer ses propres enfants !

20. Qui donc voudrait accroître les forces de l'ennemi fait d'égoïsme pour entrer dans cette voie qui conduit à de pareils actes ?

Va-t-en donc vite chercher quelque moyen de porter remède à la faim dont elle souffre avant de la voir périr avec ses petits. De mon côté, je ferai mes efforts pour la détourner d'un projet si cruel. Le disciple répondit : « J'y vais » et il se mit à chercher diligemment de quoi nourrir la tigresse. Et le Bodhisattva, quand il eut sous ce prétexte écarté le disciple, se prit à songer.

21. *J'ai un corps tout entier à ma disposition. Pourquoi donc irai-je en chasse pour prendre la chair d'autrui ? Si j'en trouve, c'est par hasard, et de plus je manque à mes devoirs.*

Et de plus :

22. *Le corps n'a rien de personnel ; il trouble, il manque de sève ; il est misérable, ingrat, constamment impur ; s'il peut être employé au service d'autrui, qui n'en est pas heureux n'est pas un sage.*

23. *C'est pour la poursuite d'un bonheur égoïste qu'on regarde en indifférent le mal d'autrui, ou parce que les ressources manquent ; mais pour moi point de bonheur si d'autres souffrent ; j'ai de plus les ressources nécessaires. Et je serais indifférent !*

24. *Si je puis agir et que je demeure indifférent au mal d'un autre, me fût-il même hostile, je crois commettre un péché, et mon cœur en est consumé comme un bouquet d'arbres par un grand incendie.*

25. *Donc avec ce corps vil, précipité sur les*

rochers pour en chasser la vie, je vais épargner à la tigresse le meurtre de ses petits, et aux petits la voracité de leur mère.

Et de plus :

26. *C'est un exemple pour ceux qui veulent le bien du monde, un stimulant pour les énergies languissantes, une réjouissance pour ceux qui connaissent bien la charité, une séduction pour les cœurs des honnêtes gens.*

27. *Un découragement pour les grandes armées de Mâra, un rappel à la foi pour les amis des vertus bouddhiques, une honte pour les égoïstes et pour les âmes souillées par l'envie ou la convoitise.*

28. *Un accroissement de foi pour ceux qui ont cherché leur refuge dans la meilleure des voies, l'étonnement de ceux qu'enorgueillit leur charité, le nettoyage de la grande route du ciel, la joie pour ceux qui chérissent la charité.*

29. *Quand donc pourrai-je grâce au ciel employer mes membres même au service des autres ? Tel était mon souhait : je vais le réaliser et me rapprocher de l'intelligence parfaite et incomparable !*

30. *Et s'il est vrai que ce n'est pas une vaine émulation, ni la passion de la gloire, ni les*

plaisirs convoités du ciel, ni la possession d'un trône, ni un bonheur égoïste de durée illimitée qui dirigent mon zèle aux intérêts d'autrui,

31. Puisse-t-il m'être donné d'enlever la douleur et de faire lever le bonheur pour le monde du même coup, comme le soleil fait des ténèbres et de la lumière !

32. Que le spectacle de ma vertu m'assure l'immortalité du souvenir, ou que je passe en personne dans les propos des gens, de toute façon je veux faire à perpétuité le salut des êtres avec leur bonheur.

33. Sa décision prise, joyeux d'une rencontre imprévue qui assurait le bien d'autrui, même au prix de sa propre vie, stupéfiant même les fortes âmes des dieux, il sacrifia son corps.

Et la tigresse, au bruit de ce corps qui tombait précipité, fut prise d'une curiosité impatiente ; sur le point de massacrer ses petits, elle s'arrêta et promena ses regards. Elle vit le corps du Bodhisattva que la vie avait quitté, s'élança impétueusement et se mit à le dévorer. Alors le disciple, qui n'avait justement pas trouvé de chair, revint. « Où donc est mon maître ? » se dit-il, il regarda à l'entour et vit le corps du Bodhisattva que la vie avait quitté et que la femelle du tigre mangeait déjà. La surprise d'un acte si extraordinaire l'emporta sur l'exaltation du deuil et de la tristesse ; le respect d'une action si vertueuse s'exhala pour ainsi dire en ce monologue propre à lui faire honneur :

34. *Oh! quelle compassion pour une créature que troublait la souffrance! Oh! quelle indifférence à son propre bonheur chez ce magnanime! Oh! elle a atteint son comble, la constance de la vertu! Ah! vous voilà en poussière, gloires et fortunes des adversaires du bien!*

35. *Oh! quelle énergie affranchie d'effroi! La tendresse fondée sur la vertu a fait voir son comble! Oh! le vase d'élection digne d'uniques hommages, soudaine métamorphose d'un corps qui n'était pas maigre de mérites!*

36. *Aimable de nature, ferme comme la terre, oh! comme il fut impatient en face des souffrances d'autrui! Oh! comme elle éclate, ma bassesse, au jour de cette héroïque perfection!*

37. *Avec la protection acquise d'un tel protecteur, le monde à présent n'est certes plus à plaindre. Inquiet d'une défaite suprême, pris d'anxiété, aujourd'hui Manmatha est tout à gémir!*

En tout cas, hommage à ce bienheureux, que tous les êtres doivent appeler à leur secours, d'une pitié infiniment grande, d'une vertu incommensurable, au Bodhisattva réel et véritable au grand être ! Et ensuite il communiqua l'événement aux disciples.

38. *La stupeur marquée sur le visage, les élèves, les Gandharvas, les Yakṣas, les Serpents et les princes des dieux, avec des guirlandes, des tuniques, des parures, du santal en poudre répandus en pluie couvrirent la terre où gisaient des ossements, devenue vraiment porteuse de trésors.*

C'est ainsi qu'à l'égard de tous les êtres il a naturellement une tendresse extrême sans intérêt, toutes les créatures sont sa personne, même dans les naissances antérieures du Saint. Et voilà pourquoi il faut donner sa foi au Bouddha qui est le Saint. Quand est née la foi dans Bouddha le Saint, il faut qu'une extrême affection se produise. S'il en est ainsi, on est en droit de se dire : « Ma foi est fort bien à sa place ». Ainsi il faut écouter avec respect la loi. Puisqu'elle arrive ainsi à la perfection par des centaines de difficultés, quand on parle de la pitié, il faut dire : « La nature est poussée au-delà de ses limites, la bonté pour autrui est développée par l'action de la pitié. »

Jâtaka du cerf ruru (*Jâtaka mâlâ* XXVI).

C'est la douleur d'autrui qui est la douleur des bons ; c'est celle-là qu'ils ne supportent point, ce n'est pas leur propre douleur. Voici ce que la tradition raconte du Bodhisattva.

Des sâlas, des bakulas. des piyâlas, des hintâlas, des tamâlas, des naktamâlas, des vidulas, des niculas en bouquets nombreux. des çimçapâs, des tiniças, des çamîs, des palâças, des çâkas, des bambous, des cannaies en massifs profonds, des kadambas, des sarjas, des arjunas, des dhavas, des khadiras, des kûṭajas pressés; toutes sortes de lianes jetant un manteau de jeunes pousses sur les innombrables branches des arbres ; des antilopes rurus, des gazelles tachetées, des grands sangliers, des yaks, des éléphants, des bœufs gavœus, des buffles, des gazelles hariṇas et des gazelles nyaṅkus, des sangliers, des panthères, des hyènes, des tigres, des loups, des lions, des ours errant çà et là, pas un être humain à y rencontrer : vaste est le domaine de la forêt et du bois, son séjour Splendide comme l'or pur, le poil fin, avec toutes sortes de rubis, de saphirs, d'émeraudes, de béryls illuminant de leurs mouchetures chatoyantes son corps bigarré, la tendresse dans le bleu sombre de ses grands yeux purs, et tels des gemmes, sans la brutalité des feux, ses cornes et ses sabots, infiniment admirable de beauté, comme une mine de joyaux qui marche à pied, il était un cerf ruru. Il savait son corps fait pour surexciter la convoitise, et que la pitié du monde est mince ; aussi c'est à l'écart des rencontres humaines, dans les profondeurs des bois qu'il se plaisait ; ingénieux et fin, si les chasseurs préparaient des machines, des pièges, des filets, des lacs, des fosses, des bois englués, des appas semés à terre, il les évitait à merveille ; escorté d'une caravane de bêtes, il les avisait comme un maître, et comme un père il exerçait sur les bêtes une autorité souveraine.

1. Beauté et intelligence parfaites, avec l'excellence des actes pour ornement : si les gens cherchent leur propre bien, où donc ne reçoivent-elles pas d'honneur ?

Un jour le magnanime, dans la profondeur des bois où il avait pris sa résidence, près d'une rivière grossie par des pluies récentes et torrentueuse, entendit les cris d'appel d'un homme entraîné par le courant.

2. *Je suis entraîné! personne pour me protéger! pas de barque! Et la rivière a gonflé le cours impétueux de ses eaux! Au secours, cœurs compatissants et tendres; par pitié, sauvez-moi vite!*

3. *Je ne puis plus attendre; la fatigue a rendu sans usage mes bras. Je ne trouve pas à prendre pied. A moi! sur le champ, au secours!*

Et le Bodhisattva, que ce cri d'appel frappait pour ainsi dire au cœur, répond : N'aie pas peur! n'aie pas peur! Exercé par des centaines d'existences à chasser ainsi la crainte, l'abattement, la tristesse, la fatigue, répétées en sons étouffés mais clairs il laissa échapper des paroles humaines, et hors des profondeurs de la forêt il s'élance. Et de loin, l'homme comme un présent qu'apportait le cours des eaux, parut à ses yeux.

4. *Puis, l'âme résolue à le sauver, sans réfléchir à sa propre vie en danger, il se plongea dans la rivière rapide à faire peur, l'agitant comme un guerrier fait l'armée ennemie.*

5. *Il lui ouvrit le chemin avec son corps, et l'appela : « Appuie-toi sur moi! » L'autre, trem-*

blant, hors de lui, les membres secoués par la fatigue, lui monta sur le dos.

6. Malgré la charge de l'homme à porter, malgré le torrent qui le détournait, soutenu par sa noblesse, inébranlable en son large héroïsme, il le mena à la rive où son désir aspirait.

7. Quand il eut conduit à la rive cet homme chez qui l'élan excessif de la joie arrêtait la fatigue et la douleur, il le réchauffa à sa propre chaleur, puis il lui dit adieu et le congédia en lui indiquant la route.

Chez un intime, un parent, un ami, on n'eût pas rencontré cette merveilleuse inclination à rendre service ; elle toucha le cœur de l'homme en même temps que l'éclat de la beauté provoquait son admiration et son respect; il s'inclina et lui dit mainte et mainte amitié :

8. Une affection entretenue dès l'enfance, un ami ou un parent ne saurait faire cet acte que tu as fait pour moi.

9. Elle est à toi, cette vie ; si jamais je puis l'employer pour toi-même à la moindre chose, j'en serai trop heureux.

10. Si tu me donnes un ordre, tu me rendras heureux, si par hasard ta seigneurie juge qu'elle peut m'employer.

Alors, le Bodhisattva lui dit en forme de compliment :

11. *La reconnaissance chez un homme de cœur n'est pas pour surprendre; elle est chez lui une loi naturelle. Mais quand on voit le monde et la corruption qui y a cours, la reconnaissance elle aussi, passe au compte des vertus.*

Donc, je te dis ceci : Si ta seigneurie se rappelle ce qui a été fait, il n'en faut rien dire à personne, que c'est telle espèce de créature qui t'a sauvé. C'est un puissant appas qu'une beauté trop séduisante comme la mienne. Vois. La pitié est faible, et tant la convoitise est forte, la retenue manque au cœur humain.

12. *Préserve et la vertu dans leur cœur, et moi-même. A trahir un ami, il n'y a jamais d'avantage.*

Si je te parle ainsi, ne laisse pas la colère entraîner ton cœur offensé. Nous sommes des bêtes ; nous n'avons pas la pratique des compliments et des perfidies humaines. Et puis:

13. *C'est la faute des trompeurs adroits, faux docteurs en honnêteté, si une créature naturellement honnête est regardée avec méfiance.*

Ainsi, je te prie de me faire ce plaisir. Il lui

promit de le faire, s'inclina, tourna respectueusement autour du Grand Être et retourna chez lui. Or, en ce temps-là, il y avait en ce pays un roi et une reine, et la reine avait des rêves vrais. Le rêve le plus extraordinaire qu'elle voyait était pourtant toujours réalisé. Une fois qu'elle était profondément endormie, à l'heure de l'aube, elle vit en songe, comme une collection de toutes les gemmes, resplendissant de beauté, assis sur un trône, un cerf ruru ; et le roi avec toute sa cour l'entourait, tandis que d'une voix claire et éloquente, en langage humain, il prêchait la loi. Le cœur agité d'étonnement, quand le tambour battit le réveil royal, en sursaut elle s'éveilla, et selon l'usage, elle se rendit auprès du roi, fut introduite, accueillie avec affection et respect.

14. La surprise avait largement épanoui la beauté de ses yeux ; le plaisir faisait trembler la grâce de ses joues ; comme un présent, elle apportait dans sa visite au roi la nouvelle de son rêve merveilleux.

Et quand elle eut conté au roi le prodige de son rêve, elle lui dit encore respectueusement :

15. Bien ! Il faut maintenant, Sire, faire un effort pour s'emparer du cerf ; et que ton harem soit embelli de ce cerf gemmé, comme le ciel l'est du cerf stellaire.

Et le roi confiant comme dans l'évidence dans le songe qu'elle avait vu se prêta à sa demande, par désir de lui être agréable et aussi par envie de posséder le cerf gemmé. La recherche de ce cerf fut prescrite à toute la corporation des chasseurs, et tous les jours dans la capitale on publiait cette proclamation :

16. « *La peau d'or, et comme des centaines de pierreries, des mouchetures sur les membres, les récits parlent d'un tel cerf, et certains l'ont vu marcher. A qui le montrera, le roi lui donne un très bon village et une pleine dizaine de charmantes femmes* ».

Or cet homme prêta l'oreille à la proclamation répétée.

17. *La pauvreté et la misère, s'il y pensait, lui abattaient l'esprit ; il se rappelait aussi le grand service rendu par le cerf ; la convoitise et le bienfait le tiraillaient, et le cœur en balance, il considérait l'un et l'autre.*

Que vais-je donc faire ? Vais-je regarder la vertu ou l'abondance des richesses ? Serai-je fidèle au bienfait ou aux devoirs domestiques ?

Est-ce l'autre monde que je vise ou celui-ci? Est-ce la conduite des bons que je suis, ou bien la conduite du monde? Est-ce la fortune que je poursuis, ou cette fortune qu'aiment les gens de bien? Est-ce le présent que je regarde, ou l'avenir? Alors la convoitise troubla sa raison. « Peut-être, si j'acquiers de grandes richesses, si mes parents, mes amis, mes hôtes, mes connaissances sont largement honorés, tout en jouissant du bonheur je m'assurerai aussi l'autre monde ». Sa décision prise, il chassa de sa mémoire le bienfait du cerf, et se présenta au roi. « Roi, lui dit-il, et le cerf et sa demeure, je les connais. Donne-moi tes ordres, à qui dois-je le montrer? » A ces mots, le roi, joyeux: « A moi; c'est à moi, mon ami, qu'il faut le montrer», et pour partir en chasse il prit le costume convenable, s'entoura d'un grand corps d'armée, sortit de la capitale, et guidé par cet homme il arriva au bord du fleuve. Il enveloppa les profondeurs des bois de son armée entière, et l'arc en main, ganté pour le tir, entouré d'hommes résolus et sûrs, toujours conduit par son guide, il pénétra dans la profondeur du bois. Et cet homme vit le cerf ruru en repos, sans inquiétude, et il le montra au roi. » Le voilà, Sire, ce cerf extraordinaire! Regarde-le, Sire, et fais bien attention !

18. Comme il élevait le bras, préoccupé de montrer le cerf, de son poignet sa main tomba, comme tranchée par l'épée.

19. Envers des objets pareils, que des actions exceptionnelles sanctifient, sous la poussée de leur force interne, sans obstacle assez fort pour les arrêter, les actes sur le champ portent leur fruit.

Et le roi dans la direction indiquée jetait sur le cerf des regards impatients.

20. Et dans ce bois bleuté comme un nouveau nuage, le corps radieux par la splendeur des accumulations de joyaux, riche de vertus, ce cerf apparut comme le feu de l'éclair au sein de la nue.

21. L'éclat d cette beauté séduisit le cœur du maître de la terre ; avide de le posséder, il fit mordre la flèche à la corde de l'arc et pour le transpercer il s'approcha de lui.

Et le Bodhisattva entendit tout à l'entour le tumulte des gens. « Évidemment, se dit-il, je suis enveloppé de toutes parts », et il remarqua le roi qui voulait le transpercer et qui s'était approché. Il reconnut que ce n'était pas le moment de partir, et d'une voix nettement articulée, en langage humain, il s'adressa au roi.

22. *Arrête, grand roi! ne me transpercè pas, taureau des hommes! J'ai une curiosité, veuille la dissiper!*

23. *Tandis que je me plaisais en cette retraite éloignée des hommes, tu as su: Le cerf est là. Qui te l'a dit?*

Et le roi que le prodige de cette voix humaine avait touché au cœur, du bout de sa flèche lui montra l'homme. « C'est lui qui m'a montré, dit-il, la merveille des merveilles ». Le Bodhisattva reconnut l'homme et lui adressa des reproches. » Oh! misère!

24. *On a raison de dire que, si le courant des eaux l'entraîne, il vaut mieux sauver une bûche qu'un homme ingrat.*

25. *Tant de peine reçoit donc une pareille récompense! C'est son propre bien qu'il a détruit; comment ne l'a-t-il pas vu?*

Le roi se dit: « Pourquoi ce mépris écrasant? » et saisi de curiosité, il s'empressa de dire au cerf:

26. *Je ne pénètre pas la profondeur du sens. A quel propos ton blâme. Je t'ai entendu, et mon cœur en est agité.*

27. O bête merveilleuse, dis-le moi! à propos de qui parles-tu ? d'un homme ou non? d'un oiseau ? d'une bête?

Le Bodhisattva dit :

28. Je ne me soucie pas de blâmer. ô roi; mais, reconnaissant un acte répréhensible, j'ai désiré qu'il n'ait plus envie de recommencer; et c'est pourquoi je lui ai adressé ces paroles aiguisées.

29. Comme du sel répandu sur une plaie, qui voudrait insulter durement aux faux pas d'un homme ? Mais, s'il chérit son fils, le médecin ne lui donne pas moins, en cas de maladie, un remède.

30. L'onde impétueuse l'entraînait, et par pitié je suis venu à son secours; et c'est de lui, prince des hommes, que ce péril me vient. Ah! la société des méchants n'est point salutaire!

Alors le roi, jetant à cet homme un regard aiguisé, l'expression durcie par la menace, lui dit : « C'est donc vrai, oh! qu'il t'a sauvé jadis en une telle détresse ? » Et l'homme, accablé de peur, d'affaissement, de sueur, de pâleur, d'abattement, paralysé par la honte, dit : « C'est vrai ». Et le roi, en disant : « Honte à toi! » le menaça de son arc qu'il armait d'une flèche. Oh! non!

31. Si pareil bienfait ne lui a pas attendri le cœur, enseigne du déshonneur pour ses pareils, un homme tellement vil n'a pas besoin de vivre!

Et déjà le poing fermé il tendait son arc pour le mettre à mort. Mais le Bodhisattva, gagné au cœur par une grande pitié, se plaça entre eux et dit au roi : « Assez, assez, grand roi! Il est frappé, ne le frappe point! »

32. Quand la convoitise ennemie en son piège détesté l'a saisi, il est mort du même coup pour ce monde où il a perdu l'honneur, et pour l'autre monde où il a perdu le mérite.

33. Quand la douleur intolérable enivre leur esprit, c'est ainsi que les humains tombent dans les passions, amorcés par l'espoir d'un profit complet, comme des papillons stupides par l'éclat d'une lampe.

34. Donc, prends-le en pitié et ne t'irrite pas ; tout ce qu'il désirait obtenir ainsi, accorde-le, que son entraînement ne soit pas stérile ; car, vois, ma tête s'incline devant ton autorité.

Cette compassion pour l'auteur de son mal, ce souci sincère d'assurer la récompense provoquèrent une extrême surprise au cœur du roi; touché par la grâce, il considéra avec respect le beau cerf et il lui dit : « C'est bien ! C'est bien ! ô très fortuné ! »

35. *En présence du mal qu'on te fait, tu éprouves pareille compassion. Par la vertu, tu es un homme ; nous n'avons que la forme humaine.*

36. *Puisque tu demandes la pitié pour ce misérable, et qu'il nous a valu de voir une créature vertueuse, je lui donne la récompense qu'il désire, et à toi libre passage dans tout ce royaume !*

Le cerf dit : « J'accepte cette royale faveur qui n'est pas stérile. Donc, donne tes ordres pour que cette rencontre nous serve à nous rendre utiles. » Et le roi fit monter le cerf comme un maître, sur son char, le fit entrer avec de grands honneurs dans la capitale, le traita avec les égards qu'on doit à l'hôte, l'installa sur un grand trône, et réconforté, avec ses femmes et la troupe de ses ministres à l'entour, l'affection, le respect, la douceur dans les regards, il l'interrogea sur la loi.

37. « *En matière de lois, les avis des hommes se partagent. Toi qui as la certitude, veuille donc nous l'apprendre.* »

Et le Bodhisattva, pour le roi et l'assemblée,

en termes clairs, harmonieux et variés, prêcha la loi.

38. *La pitié, c'est à mon avis la loi en résumé, Sire! L'interdiction de nuire, de voler, etc., en sont les subdivisions, et aussi toutes les sortes de pratiques.*

Regarde, grand roi!

39. *Si le cœur est pitoyable, qu'il s'agisse d'un proche ou d'un autre, comment l'âme serait-elle inclinée à l'injustice et malveillante?*

40. *C'est faute de pitié qu'on agit mal, sous l'impulsion de la pensée, de la parole et du corps, envers ses proches comme envers les autres.*

41. *Qui veut le bien ne doit donc pas déserter la pitié d'où naissent les fruits désirés; comme une bonne pluie fait les grains, il fait naître les vertus.*

42. *Si la pitié réside au cœur, il ne se laisse plus emporter à faire du mal; si le cœur est pur, la parole ne va plus à la corruption, ni le corps. Le plaisir d'être utile aux autres, grandissant en lui, fait naître ainsi à la suite de l'affection la charité, la patience et les autres vertus qui gagnent la gloire.*

43. *Le compatissant ne provoque jamais le*

trouble chez autrui, car il est apaisé; le compatissant a la confiance du monde, comme un parent. L'emportement qui bouleverse ne règne pas dans un cœur qu'affermit la pitié; le feu de la colère ne brûle pas dans un cœur que la pitié rafraîchit de ses ondes.

44. *En résumé, c'est dans la pitié que consiste le devoir, au jugement définitif des sages. Et quelle est donc la vertu chérie des gens de bien qui n'accompagne la pitié? Donc, prends, comme ton propre fils ou comme toi-même, la multitude des hommes en pitié; ravissant par ta bonne conduite les cœurs des vivants, exalte la dignité royale!*

Alors le roi approuva avec joie ce langage, et avec les gens de la ville et de la campagne, il s'appliqua à la loi, et il assura la sécurité à toutes les bêtes et tous les oiseaux.

C'est ainsi que la douleur d'autrui seule est la douleur des bons; c'est celle-là qu'ils ne supportent pas, et ce n'est pas la leur. Quand on traite de la pitié il faut faire ce récit; et quand on célèbre les gens de bien ou qu'on censure les méchants, il faut aussi s'en servir.

Tous ces récits, sous leurs formes diverses, nous font plus sûrement qu'un exposé théorique, comprendre l'inspiration et l'originalité du bouddhisme. Ce n'est pas lui sans doute qui les a créés; ils circulaient de bouche en bouche, de village à village, pour la joie des humbles et l'amusement des ignorants. Les prêtres chantaient les exploits des dieux, les rhapsodes chantaient les exploits des héros ; le peuple avait pour se distraire les histoires des petites gens et les histoires des bêtes. Inventé de toutes pièces, le Livre de la Jongle attendait son Homère; le bouddhisme le lui donna. Indifférent aux préjugés de caste et de naissance où la société hindoue avait cru fonder ses plus solides assises, impatient d'ouvrir à tous la voie du salut et d'anéantir partout la douleur, le bouddhisme naissant chercha la multitude, et ne craignit pas de lui parler son langage. Il s'empara de ces contes, de ces fables que le savant méprisait ; il les anima des deux forces les plus puissantes que l'homme mette au service de l'idéal, l'art et la foi ; il les transfigura par son inspiration, et de ces lambeaux épars, il composa une magnifique épopée, l'Épopée de la Transmigration, variée comme elle, infinie comme elle, fourmillante de personnages et d'incidents, mais groupée tout entière autour d'un héros unique, qui la domine, la pénètre et l'éclaire. Le génie hindou avait senti d'instinct la fraternité des êtres et la solidarité de l'univers; le Bouddha la lui expliqua en images. Sous ces menus drames, enfantés sans prétention par l'imagination de conteurs anonymes, il dévoila le drame de la conscience humaine, aux prises avec le mal qui l'étreint et menace de la terrasser, impatiente de lui échapper, réduite à ses seules forces, sans secours à espérer, sans aide à implorer. Quand le Bouddha, à l'heure de l'Illumination, chante ses stances de triomphe, il n'entonne pas d'actions de grâces. Il n'a personne à remercier. Au dernier assaut du démon Mâra, les dieux épouvantés ne se sont-ils pas enfuis? Et comme le démon le défiait de produire des témoins pour attester sa charité, il s'est contenté de répondre : « Je n'ai pas en ce lieu de témoin vivant. Mais je ne veux pas compter mes actes de charité dans toutes mes naissances; je demande seulement à la Terre, la Terre grande et solide — quand même elle n'est pas un être vivant — d'attester les aumônes sept fois centuples que j'ai faites dans ma dernière existence, quand j'étais Viçvantara. » Et retirant sa main droite de sous sa robe, il l'étendit vers la terre et dit : Je dis qu'à ma dernière existance, quand j'étais Viçvantara, j'ai fait des aumônes sept fois centuples. Es-tu mon témoin ou non ? Et la Grande Terre, avec cent rugissements, avec mille rugissements, avec cent mille rugissements, dit : Je suis ton témoin. Et l'armée de Mâra s'enfuit et se dispersa (*Jâtaka pâli*, Introd., p. 74). A ce moment solennel, le Bouddha tient à l'affirmer et à le prouver en face de l'univers : il ne doit rien qu'à ses actions passées, qu'à ses existences écoulées. Il est le héros et le vainqueur de la transmigration.

LES VESTALES ET LEUR COUVENT
SUR LE FORUM ROMAIN

PAR

M. R. CAGNAT

Membre de l'Institut

L'origine du culte de Vesta remonte certainement à l'époque la plus reculée. Alors que les populations primitives de l'Italie ne connaissaient pas encore de moyens pratiques pour allumer rapidement du feu, il devait exister, au centre de chaque village, dans une de ces huttes circulaires dont les fouilles dans les tombes archaïques nous ont révélé l'image, un foyer toujours entretenu, auquel les habitants pouvaient aller emprunter des étincelles pour leurs besoins particuliers. La trace de cette origine lointaine d'une institution si célèbre à Rome subsistait encore à l'époque historique : toutes les fois que le feu du temple de Vesta venait à s'éteindre, il était prescrit de le rallumer, soit en frottant l'un contre l'autre deux morceaux de bois, soit en faisant appel à la lumière du soleil, concentrée par un morceau de verre ou reflétée par un miroir.

Naturellement à ces époques très anciennes, la garde de ce foyer commun était confiée à des femmes et de préférence à celles qui n'avaient point chez elles d'occupations propres, à des jeunes filles. La tradition persista; mais pour l'expliquer on fit intervenir postérieurement des idées morales, pureté, virginité, tout à fait inconnues aux vieux habitants du Latium.

Le culte de Vesta existait autrefois dans différentes cités du pays, Lanuvium, Albe, Tibur; il semble avoir été, par la suite, plus spécialement localisé à Rome, où le roi Numa l'aurait, soi-disant introduit. Là il était confié, chacun le sait, à la garde de six vierges, les Vestales qui formaient une communauté. Propriété de la déesse, elles étaient soumises à la juridiction étroite du pontife maxime, qui exerçait sur elles le pouvoir paternel. Pendant les dix premières années de leur sacerdoce elles demeuraient des novices au service de leurs sœurs plus anciennes; elles apprenaient ainsi leurs devoirs. Pendant les dix années suivantes, elles les exerçaient; pendant les dix autres elles formaient les nouvelles venues. La supérieure, la plus âgée de toutes, se nommait la Vestale maxime.

Leur tâche principale était d'entretenir le feu sacré dans le temple de Vesta avec du bois pris à des arbres d'heureux augure ; d'avoir toujours pour les sacrifices de l'eau puisée directement aux sources saintes, en particulier à celle de Juturne, dont on a retrouvé l'emplacement à quelques pas de leur couvent ; de confectionner les gâteaux destinés aux sacrifices et de prier pour le salut du peuple romain, surtout dans les circonstances critiques, où leur intervention était requise. Elles avaient aussi la garde de certains objets mystérieux, à la conservation desquels la fortune de Rome était attachée. L'un d'eux était le fameux Palladium qu'Enée avait apporté de Troie.

Tout cela est trop connu pour que j'y insiste plus longuement. Ce que je voudrais faire avec vous, c'est chercher à nous représenter l'existence de ces jeunes filles chargées du culte de Vesta, les prendre au moment où elles entraient en religion, les placer dans le milieu où elles étaient dès lors appelées à demeurer, assister à leur vie, vous rendre témoins de leurs travaux, de leurs distractions, de leurs tristesses, de leurs défaillances même ; en un mot les sortir de cette auréole indistincte qui entoure toujours plus ou moins pour nous les choses religieuses de l'antiquité, et les placer dans le plein jour de la réalité ; du moins autant que les récits des auteurs et les fouilles récentes du forum romain permettent d'y arriver.

*
* *

Le soin de choisir les Vestales appartenait au souverain pontife, chef suprême de la religion. Parfois des parents d'une piété plus ardente ou désireux d'assurer à leur maison un honneur envié venaient d'eux-mêmes lui offrir leurs enfants ; mais la plupart du temps, il dressait une liste de vingt jeunes filles, parmi lesquelles on tirait au sort ; celle dont le nom sortait de l'urne était vouée au culte de la déesse. Dans les premiers temps on exigeait de la future prêtresse une origine patricienne ; mais peu à peu la règle s'adoucit ; dès l'époque républicaine, les filles de la plèbe avaient accès à cette fonction ; des filles d'affranchis purent y prétendre sous l'Empire. Il suffisait que la famille fût honorable.

La nouvelle élue n'était encore qu'une enfant ; la règle voulait qu'elle eût plus de six ans et moins de dix; mais le sort en avait fait l'égale, aux yeux de la loi, d'une femme. Elle quittait la demeure paternelle, sa mère, ses sœurs, ses compagnes, tout ce qu'elle avait connu jusque là et aimé ; joyeuse, sans doute, dans son ignorance de la vie, et fière de sa dignité récente, elle franchissait, le cœur léger, le seuil de l'atrium de Vesta. Il lui fallait, tout d'abord, faire le sacrifice de sa chevelure : on la lui coupait pour l'offrir à la déesse, suivant la coutume qui voulait que les premiers cheveux enlevés à un enfant fussent consacrés aux dieux ; et on la suspendait aux branches d'un lotus appelé pour cette raison « le lotus chevelu ». Puis on revêtait la novice du costume sacerdotal, la robe nouée à la taille et le manteau. Désormais elle était l'humble servante de Vesta ; pendant trente ans au moins elle allait vivre dans son temple ou dans le couvent qui l'avoisinait.

Le temple de Vesta est connu depuis longtemps. Les soubassements en subsistent encore, sur le forum romain, à côté du temple de Castor. On sait assez exactement sa forme, qui était celle des anciennes huttes préhistoriques du Latium, et ses dispositions. Par son plan circulaire — il mesurait 53 mètres de circonférence — il symbolisait, disait-on, la terre; sa toiture sphérique, de bronze, aurait été l'image de la voûte céleste. Point de statue à l'intérieur, comme il en existait dans tous les édifices religieux; mais un simple autel, sur lequel brûlait jour et nuit le feu sacré, le foyer de Rome, éternel comme elle.

On y accédait par une petite place, jadis entourée de murs, sur laquelle s'ouvrait aussi la porte de l'atrium de Vesta. Les fouilles faites en 1884, d'abord, en 1901, ensuite, nous ont rendu jusqu'aux moindres détails de ce second édifice dont l'histoire se lie intimement avec celle des Vestales. Il convient d'y insister quelque peu.

Qu'on se figure une grande cour, longue de 70 mètres et large de 25, entourée de tous côtés d'un portique. Sur le sol de la cour on a relevé des traces dont je parlerai plus loin. En avant du portique, entre les colonnes de marbre qui le soutenaient, s'élevaient jadis toute une série de piédestaux chargés d'inscriptions; ils supportaient les statues des Vestales célèbres; l'image de celles qui avaient honoré l'ordre tout entier étant à la fois un exemple et un encouragement pour leurs sœurs et pour celles qui étaient appelées à leur succéder. Sous le portique même s'ouvraient, comme dans toutes les maisons romaines, des chambres juxtaposées. Un étage régnait au dessus, en tout semblable au rez-de-chaussée ; il a, naturellement, entièrement disparu. Sur plusieurs points on a retrouvé les restes d'escaliers qui permettaient d'y monter. Du côté du nord, l'édifice était en élévation sur le forum ; du côté du sud, il s'appuyait contre les pentes du Palatin, aux dépens desquelles il avait été établi. Notons, en passant, que cette situation était extrêmement insalubre et que la privation du soleil de midi entretenait dans la maison une grande humidité. Aussi avait-on été obligé d'adopter des dispositions spéciales : le mur, de ce côté, était double avec circulation d'air à l'intérieur et le sol du rez-de-chaussée reposait, à la façon de celui des chambres de bain, sur des piliers d'hypocaustes qui l'isolaient de la terre.

Il est à peu près impossible de décrire en détail, sans avoir sous les yeux, à défaut de l'édifice lui-même, un plan à grande échelle, toutes les parties du couvent. Je me contenterai de vous signaler les pièces caractéristiques. Voici d'abord, en entrant, à droite une cuisine avec le corps de fourneau ; on y a trouvé des cendres et des restes de charbon, témoins du dernier dîner des dernières Vestales. A côté, c'était l'office, qui contenait encore, auprès de vases de bronze et de terre, des coquilles d'œufs en miettes. En face, à l'autre bout de la cour, s'ouvre une grande salle aux murs jadis revêtus de marbres précieux, au pavement autrefois richement décoré ; quatre marches y donnent accès. On y a vu le salon de la maison, avec la plus grande vraisemblance. Dans ce salon donnent six chambres, trois de chaque côté ; nombre qui est précisément celui des Vestales. On a supposé qu'elles avaient là chacune un parloir privé, à côté de la pièce de réception qui était communes à toutes. La première à droite offre une curieuse particularité ; le pavement, au lieu de porter directement sur la terre, reposait sur des sections d'amphores placées la pointe en l'air ; de la sorte l'air pouvait circuler librement sous le plancher ; peut-être même de l'air chaud y arrivait-il par un conduit. D'ailleurs, dans toute la maison, on a retrouvé des traces de calorifères et de bouches de chaleur.

Mettons que ce fût le cabinet de la grande Vestale, dont l'âge et la dignité méritaient bien quelques égards.

Non loin de là on a découvert une pièce dont le fond était occupé par une baignoire revêtue de marbre : elle indique l'existence sur ce point de bains privés. Tout à côté, des restes de four et un moulin à bras révèlent l'emplacement de la boulangerie.

Les appartements particuliers des prêtresses, comme les chambres des femmes de service, occupaient le premier étage, en tout ou en partie.

Telle était la demeure où les Vestales passaient leur existence. J'ai dit qu'elle était contiguë au temple lui-même : leur occupation principale étant de surveiller le feu allumé sur l'autel divin, il fallait que le chemin ne fût pas long qui les menait de leur maison au sanctuaire. C'est ce qui avait lieu : celles qui devaient prendre le service de nuit avaient à peine quelques pas à faire et quelques marches à monter, à l'abri des regards indiscrets.

Tout était aménagé dans la maison même pour leur permettre d'accomplir les autres fonctions religieuses qui leur étaient confiées.

Deux bassins rectangulaires sont creusés dans le sol de la cour. Comme on n'a pas pu trouver jusqu'ici les traces de la canalisation qui y aurait amené l'eau, on a supposé avec quelque vraisemblance qu'ils contenaient celle que les Vestales allaient puiser aux sources sacrées.

Auprès de ces bassins et au centre même de la place on aperçoit encore le dessin à terre d'un édicule de forme singulière ; c'est un cercle entouré d'un octognone. La surface comprise entre la circonférence du premier et la ligne intérieure du second est divisée en huit compartiments. Des savants autorisés pensent que ces soubassements appartiennent au *penus Vestae*, cachette où se conservaient ces choses mystérieuses dont dépendait le salut de Rome. Je ne dois pas vous dissimuler que d'autres ne voient dans ces restes que les contours d'une immense jardinière, à la façon de celles qui ornaient le péristyle de certaines maisons romaines.

On s'est demandé aussi où les Vestales préparaient les gâteaux destinés aux sacrifices. On a, tout naturellement, songé à la cuisine ou à la boulangerie dont je vous ai parlé. Il n'est guère probable, cependant, que pour ces cérémonies rituelles il n'y ait pas eu d'endroit spécial ; que l'on ait utilisé des pièces où chacun pouvait pénétrer aisément, où les servantes vaquaient aux mille soins de l'existence journalière et où la vaisselle divine eût été mélangée à celle qui constituait le ménage profane de la communauté. Mais cet endroit spécial, rien ne nous a permis de le découvrir.

***

On voit par tous les détails que je viens de vous rapporter que la vie des Vestales, dans une maison aussi vaste, aussi bien aménagée, n'avait rien de commun avec celle que l'on mène dans un cloître et que la discipline de leur ordre, pour me servir d'un terme moderne, était exempte de sévérité. Elles n'auraient jamais pu prétendre à autant de confortable dans la maison paternelle, comme elles n'y auraient pas joui d'une aussi grande liberté.

Car elles ne restaient point enfermées, ainsi qu'on pourrait le penser, entre les murs de leur demeure : leurs fonctions mêmes les appelaient souvent au dehors et les mettaient en contact avec le monde extérieur. A des jours fixes elles allaient chercher de l'eau à certaines fontaines et, à l'exemple de leur sœur préhistorique Sylvia, elles la rapportaient dans des cruches au temple de Vesta. Or, si la fontaine de Juturne était toute voisine de leur maison, la source des Camènes était bien éloignée de deux kilomètres, au pied du Caelius, dans un quartier assez populeux. Le 15 avril, elles assistaient au sacrifice de vaches pleines appelé *Fordicidia,* soit au Capitole, soit au siège central de chaque curie. Le 15 mai, elles prenaient part à la procession des Argées et se rendaient avec les autres collèges religieux sur le pont Sublicius, d'où elles précipitaient dans le Tibre vingt-quatre mannequins d'osier, images de victimes humaines. Le 9 juin, elles présidaient à la fête des *Vestalia ;* alors les femmes descendaient en procession, pieds nus, jusque sur le forum, apportant des plats chargés de mets qu'elles offraient à la déesse. Le 15 juin, elles portaient au Tibre ou au Capitole les balayures du temple de Vesta et la cendre accumulée du foyer.

Elles conduisaient aussi les fidèles à la fête de la Bonne Déesse. On sait que cette solennité se célébrait au début de décembre dans la maison du consul ou du préteur. La nuit venue, celui-ci s'éloignait emmenant tout ce qui appartenait à son sexe ; les représentations mêmes des animaux mâles étaient voilées et on introduisait les femmes ; celles-ci, qui s'étaient préparées par l'abstinence à la cérémonie, apportaient des fleurs de toute sorte. On offrait d'abord en sacrifice une truie et du vin. Puis, sous l'influence d'une musique assez profane on se livrait à des danses orgiastiques ; « il y avait alors, dit Plutarque, tout plein de joyeusetés, de chants et de musique, meslé parmi ces veilles, qui duraient toute la nuit. »

On se représente difficilement les Vestales prenant part à de pareils ébats, précisément parce qu'on se les figure tout autres qu'elles n'étaient, sous l'influence des idées modernes. Il faut modifier ces idées, si nous voulons être dans la vérité, et nous bien persuader, par exemple, que ces prêtresses sortaient le soir, à pied, dans les rues et prenaient part à des réunions de société. C'est précisément parce que l'une d'elles, revenant ainsi d'un repas, avait été insultée par quelqu'un qui ne l'avait pas reconnue, que l'on décida, suivant Dion Cassius, que chacune aurait dorénavant un licteur pour l'accompagner et la protéger.

De l'un de ces repas nous avons gardé le souvenir et le menu. Il eut lieu vers l'an 70 avant Jésus-Christ dans la maison de Lentulus, le 9 des calendes de septembre, à l'occasion de l'entrée en fonctions de ce personnage comme flamine de Mars. Nous devons les détails qui vont suivre à Macrobe. La maison avait été ornée de fleurs et de guirlandes, des lits d'ivoire, dressés dans la salle à manger et toute la vaisselle d'argent disposée sur des dressoirs, suivant la coutume. Les convives, hommes, étaient Q. Catulus, M. Aemilius Lepidus, D. Silanus, C. Caesar, P. Scaevola Sextus, Q. Cornelius, P. Volumnius, P. Albinovanus, et L. Julius Caesar ; ils occupaient deux des tables. La troisième salle à manger était réservée aux femmes ; on y voyait les quatre Vestales les plus anciennes, Popilia, Perpennia, Licinia, Arruntia, la femme de l'amphytrion, Publicia et sa bru, Sempronia. A des hôtes aussi distingués il fallait un repas choisi.

Vous savez que le dîner romain se composait de deux parties qu'on appelait : la *gustatio*, ou entrées, composée de mets légers et apéritifs, préludes du vrai repas, puis la *cena*. Nous retrouvons chez Lentulus les deux parties.

Gustatio : oursins, huîtres crues à volonté (*quantum vellent*) palourdes, sphondyles ; poisson aux asperges, poularde ; huîtres et palourdes au plat ; moules noires et blanches ; de nouveau sphondyles, grosses palourdes, coquillages, becs-figues, filets de chevreau et de sanglier ; poulets en marinade, becs-figues, murex et coquilles à pourpre.

Cena : tétines de truie, cervelle de sanglier; poissons au plat ; tétines au plat, canards ; fricassée de sarcelles, lièvres, rôti de volaille ; crême d'amandes ; pains du Picenum.

On ne s'étonnera pas, en présence de ce menu si abondant et si riche en coquillages, que l'on ait rencontré dans la cuisine des Vestales une certaine quantité de coquilles d'huîtres. Il paraît que les dernières de ces vierges de Vesta avaient encore les goûts de leurs sœurs républicaines.

Nous nous figurons de même avec quelque peine des prêtresses assistant aux représentations théâtrales ; il n'en est pas moins vrai que les Vestales avaient leurs places réservées à toutes ces représentations, sauf aux luttes athlétiques. On craignait, en leur montrant la nudité des lutteurs, de choquer leur pudeur et de troubler leurs sens ; mais il paraît qu'ils n'avaient rien à redouter des libertés de la scène tragique ou comique. Et pourtant les pièces qu'on représentait sur les théâtres à l'époque impériale étaient surtout des mimes où l'indécence des grimaces et des gestes soulignait la liberté des situations. Les écrivains ecclésiastiques, comme saint Augustin ou Arnobe, plus faciles à effaroucher que les Vestales, semble-t-il, ne cessent de nous le répéter. On fit un reproche à Néron d'avoir invité les vierges de Vesta aux combats athlétiques ; à vrai dire, leur vertu n'y courait pas autant de dangers qu'au théâtre de Marcellus ou à celui de Pompée.

On le voit, si aucun homme ne devait pénétrer dans le temple de Vesta et dans l'enceinte réservée à ses servantes, elles avaient, elles, de nombreuses occasions de se mêler aux hommes et de prendre part aux plaisirs mondains.

Comme, d'un autre côté, elles jouissaient de privilèges très sérieux, juridiques, ou autres ; comme elles possédaient une immense autorité, au point d'être chargées par les belligérants d'implorer la paix ou de négocier des armistices ; comme, de plus, leur crédit était assez grand pour faire accorder à leurs protégés et à leurs parents, des places et des honneurs ; comme, enfin, elles étaient fort riches, riches par le patrimoine de leur ordre, riches par les dotations extraordinaires qu'elles recevaient parfois personnellement, leur situation était enviable et enviée. Assurément aucune d'entre elles n'aurait pu prétendre à tant de considération, bien peu à autant d'aisance et de facilités d'existence, si la destinée s'était déroulée, pour elles, telle que la naissance de chacune semblait la lui préparer.

Ce bien-être, cette richesse, cette considération, les Vestales les payaient, il est vrai, d'un gros sacrifice, celui de leur personnalité. Elles devenaient, trente années durant, la chose de l'État. Sous la juridiction et sous la surveillance jalouse du grand pontife elles devaient veiller à des cérémonies d'une extrême importance. C'est d'elles, de leur vigilance, de leur régularité que dépendait en grande partie, aux yeux de tous, le salut de la cité. Tant que les affaires de Rome allaient bien, elles n'avaient rien à redouter, elles avaient tout à espérer de leurs concitoyens. Mais, si le ciel venait à s'assombrir, malheur à elles ! La superstition, la sottise, la lâcheté humaine les chargeaient de tous les crimes ; il fallait trouver la cause des calamités qui s'abattaient sur le pays ; pour les conjurer, quoi de plus aisé que d'en accuser celles dont le seul rôle était de les écarter par des prières et des sacrifices, les Vestales ; quoi de plus simple que de les sacrifier au salut de tous ? Elles en firent plus d'une fois la triste expérience.

En 216 avant Jésus-Christ, les légions romaines venaient d'être taillées en pièces à Cannes par l'armée d'Hannibal ; le vainqueur pouvait, s'il le voulait, marcher sur la capitale et camper en vue du Capitole. La douleur à Rome fut immense et la crainte aussi; mais douleur et crainte ne restèrent pas inactives. On était persuadé que les dieux avaient été irrités par quelque grand forfait ; on le chercha et, naturellement, on le trouva. On découvrit que deux Vestales Opimia et Floronia avaient manqué à leurs vœux ; l'une fut mise à mort et l'autre se tua. Le complice de Floronia était, disait-on, un scribe du grand pontife. Celui-ci le fit battre de verges sur le comitium avec une telle cruauté qu'il mourut durant la flagellation.

Une autre fois, c'était en l'an 114 avant Jésus-

Christ, un chevalier romain nommé L. Aelius, revenant en voiture avec sa femme et sa fille, fut surpris par un orage. Les femmes fort effrayées voulaient à tout prix se mettre à l'abri. Le père, pour aller plus vite, détela les chevaux, les fit monter par ses compagnes et les poussa en toute hâte vers les maisons les plus voisines; mais voici que tout à coup, nous dit Plutarque, « la jeune fille fut atteinte d'un coup de foudre et le cheval fut trouvé nud tout estendu et le corps d'elle pareillement, ses vêtements rebroussés, ses souliers, ses anneaux et sa coife jettez l'un deçà, l'autre delà, et la langue tirée hors de la bouche. » L'événement jeta un certain émoi dans la ville; on consulta les devins et ceux-ci répondirent « que c'estoit une grande vergongne qui devait advenir aux vierges Vestales, et seroit fort divulguée et diffamée et que partie de la honte appartiendroit aussi aucunement à l'ordre des chevaliers. » Cette consultation dictait d'avance la sentence. On découvrit donc que trois des Vestales avaient, comme dit Plutarque, forfait à leur honneur, Aemilia, Licinia et Martia; elles furent, naturellement, condamnées à mort.

Comment on s'y prenait, en pareil cas, pour

dévoiler ce que les auteurs appellent la vérité, ce qui l'a certainement été dans certains cas, c'est ce que nous apprennent à propos de cette dernière anecdote Plutarque et Dion Cassius, qui l'ont contée. On ajoutait foi au témoignage d'esclaves qui, pouvant être mis à la torture à cause de leur condition sociale, se prêtaient plus aisément aux révélations et avaient même intérêt à parler dans le sens souhaité par les juges : de leur témoignage, assez suspect, on le reconnaîtra, dépendait la culpabilité ou l'innocence des futurs accusés. La faute d'Aemilia et de ses sœurs en religion fut donc signalée par l'esclave même de son séducteur ; il paraît qu'il avait d'abord prêté la main à ce roman sacrilège ; mais comme sa complaisance ne lui avait procuré aucun profit et qu'il n'en avait pas retiré le bien précieux entre tous qu'il espérait y gagner, la liberté, il s'était empressé de raconter aux pontifes ce qu'il savait et sans doute aussi ce qu'il ne savait point. Il comptait rattraper d'un côté ce qu'il avait perdu de l'autre.

Ce devait être bien souvent ainsi que les choses se passaient. La Vestale Minucia avait, paraît-il, le tort de soigner sa toilette plus que de raison; c'était de la coquetterie, mais la coquetterie ne suppose pas nécessairement le crime. Néanmoins il se trouva un esclave pour l'accuser devant le grand pontife. Celui-ci rassembla aussitôt ses collègues et le conseil, armé de cette délation, rendit contre elle un jugement capital.

Les Vestales étaient, d'ailleurs, l'objet d'une surveillance continuelle, les esclaves attachées à leur personne et à leur maison, qui étaient des esclaves publiques, se trouvant tout naturellement désignées pour les espionner et pour rendre compte de leurs actes au grand pontife, dont elles avaient intérêt à se ménager la faveur. Coupables ou innocentes elles pouvaient tout redouter de cette domesticité. Restaient-elles fidèles à leur devoir, il suffisait qu'elles se fussent créé quelque ennemie dans le personnel de leur maison pour être accusées sur la moindre apparence. Voulaient-elles nouer des intrigues, obligées de se confier à la complicité de tierces personnes, dépositaires de leur secret, elles étaient sans cesse exposées à être trahies par ce confident dans un moment de mauvaise humeur ou de crainte. Une circonstance fortuite suffisait pour faire naître des soupçons et du soupçon à la condamnation la distance était bien vite franchie.

On sait de quel supplice les malheureuses payaient le manquement à leurs vœux. Elles étaient enterrées toutes vivantes. L'exécution était entourée d'une grande solennité, qui rappelait la pompe des enterrements. Le cortège partait, ainsi qu'il est naturel, du forum et de l'atrium de Vesta. La condamnée était couchée dans une litière que fermaient de tous côtés des rideaux attachés par des courroies. On ne voulait pas qu'elle vît ni qu'elle fût vue ; on ne voulait pas surtout que ses pleurs ou ses protestations fussent entendus de ses parents ou de la foule. Quelques-unes d'entre elles ne se privaient pas, en effet, de réclamer vivement contre l'arrêt qui les frappait et de prendre les dieux à témoins de leur innocence. La grande Vestale Cornelia, que Domitien avait déclarée coupable, répétait avec indignation : « Comment César peut-il croire à ma faute, alors que mes sacrifices et mes prières lui ont assuré la victoire et le triomphe ? » Une autre, que Caracalla avait essayé vainement de déshonorer et dont il se vengea en la mettant à mort criait à qui voulait l'entendre : « Mais l'empereur le sait bien, que je suis vierge ! » C'étaient là des exclamations qu'il n'était pas prudent de laisser parvenir aux oreilles du public.

La litière, soigneusement fermée, s'avançait donc à travers le forum, au milieu du deuil général. Une foule de parents et d'amis suivaient en pleurant, ainsi qu'on le faisait lorsqu'on accompagnait une morte — la Vestale ne l'était-elle pas déjà pour tout le monde ?; ils n'échangeaient pas une parole ; on n'entendait que le bruit de leurs sanglots. Sur le parcours, les habitants fermaient la porte de leurs maisons, les passants s'enfuyaient comme si la vue d'un tel objet eût dû leur porter malheur, comme si c'était une morte véritable — chose impure, d'après les idées antiques, — qu'ils avaient rencontrée et dont il fallait, à tout prix, éviter le contact. Le cortège traversait ou contournait, du moins à l'époque impériale, le Forum de la Paix; il s'engageait dans une longue voie appelée *Vicus longus*, une des grandes artères du Quirinal qui partait du quartier appelé *Argiletum* pour aboutir dans le *Vicus portae Collinae* ; il suivait cette dernière rue jusqu'à la Porte Colline, la dépassait et s'arrêtait alors quelques pas plus loin. Là, entre les Thermes de Dioclétien et le Camp prétorien, à l'endroit qu'occupent aujourd'hui la via Goito et la via Castelfidardo s'étendait un champ de mort, nommé *Campus sceleratus ;* il était réservé aux Vestales parjures. Un caveau souterrain y avait été creusé, où l'on ne pouvait pénétrer que par une échelle ou par un escalier grossièrement taillé ; c'était le tombeau où la malheureuse allait être déposée vivante. Le grand pontife s'approchait de la litière ; les bras levés vers le ciel, il récitait des prières dont les termes n'étaient connus que de lui, quelques-unes de ces vieilles formules qui se transmettaient d'âge en âge dans le droit pontifical et religieux, et que l'on finissait par répéter sans les comprendre ; puis il tendait la main à la Vestale pour l'inviter à se relever et il la conduisait jusqu'à l'entrée du caveau ; là, il la remettait aux mains des gens de service. Celles que la honte ou l'infortune accablaient et laissaient sans ressort se faisaient porter par eux sous terre ; mais il s'en trouva, sans doute, plus d'une qui gardèrent à ce moment suprême l'énergie d'une Romaine et la dignité d'une femme sûre de soi. Telle fut, en tout cas, cette Cornelia dont j'ai cité le nom tout à l'heure.

Elle descendait lentement dans le souterrain ; sa robe s'accrocha à quelque aspérité ; elle se retourna avec calme et en ramena à elle les plis flotants. A cette vue le bourreau crut devoir lui présenter la main pour l'aider à franchir les derniers échelons ; mais elle le repoussa avec dédain comme si ce contact profane eût pu souiller la pureté de son corps ; et, dit Pline le Jeune en racontant le fait, « accomplissant tout ce qu'exigeait la plus sévère bienséance,

> Elle mit tous ses soins à tomber décemment. »

Le caveau préparé pour la Vestale contenait un mobilier semblable à ceux que nous trouvons dans les tombeaux : un lit où le corps devait reposer pour l'éternité, une table avec quelques mets préparés, un peu de pain, de l'eau et de l'huile ; enfin une lampe pour éclairer la nuit du sépulcre. On reconnaît là les habitudes funéraires des Romains. Ils plaçaient auprès du défunt les objets nécessaires pour lui permettre de continuer sous terre son existence passée ; car, à leurs yeux, la tombe était une demeure où le mort s'enfermait pour y recommencer une seconde vie, meilleure que la précédente, mais analogue. Si les Vestales recevaient ces dons suprêmes, ce n'est point, comme dit un auteur, afin que ce corps sacré ne semblât point avoir péri par la faim ; c'est parce qu'elles étaient mortes pour tous du moment où elles avaient été condamnées. La coupable était considérée comme odieuse aux divinités du jour et de la lumière ; elle ne pouvait plus qu'être vouée aux dieux souterrains de l'obscurité et de la mort ; les hommes n'avaient point à mettre fin à une vie désormais impossible ; il leur suffisait de s'en reposer sur les divinités vengeresses de la chasteté violée : ce qu'on descendait dans le souterrain du *Campus sceleratus* c'était, en réalité, un cadavre ; mais, par suite de circonstances toutes particulières, un cadavre encore vivant.

On retirait l'échelle, on fermait le caveau, on le couvrait de terre, sans même en marquer la place par quelqu'un de ces tertres qui gardent le souvenir des tombes les plus communes. Le sol était soigneusement nivelé. Pas une prière, point de sacrifice lustral, même point ce « *Supremum vale* » que les parents et les amis adressaient au défunt qu'ils venaient de mettre au tombeau. Chacun se retirait en silence, le cœur oppressé du terrible spectacle ; et un oubli volontaire, implacable, couvrait à jamais d'un voile impénétrable, un grand crime contre la religion ou parfois une monstrueuse injustice. Ce voile, les recherches de l'archéologie n'ont pas réussi encore à le soulever. Malgré les fouilles faites sur l'emplacement du *Campus sceleratus*, aucune sépulture de Vestale n'a pu être trouvée.

Ainsi les pontifes n'hésitaient pas à punir d'un supplice barbare les Vestales qu'ils croyaient coupables ; mais il leur plaisait d'accorder libéralement aux autres les honneurs qu'on rendait aux grands serviteurs de l'État.

Vous savez l'abondance des statues-portraits que l'antiquité romaine nous a laissées. On ne connaissait pas de témoignages plus honorables pour récompenser les grandes actions et les services rendus. On en décrétait aux citoyens illustres dans tous les genres, aux généraux vainqueurs, aux magistrats estimés, aux gouverneurs intègres ou non ; les forums de la capitale comme ceux des villes de provinces, en regorgeaient ; il y en avait dans la cour du Capitole, au Champ de Mars, dans les théâtres, dans les basiliques, partout où le public se réunissait ou passait. Chaque maison aristocratique possédait même dans son atrium le buste ou la statue du propriétaire et des membres de sa famille ; les maisons de campagne, les parcs et les jardins en étaient pareillement décorés. Pour rendre l'hommage plus complet, on faisait graver sur le piédestal qui supportait la statue une grande inscription où l'on disait les dignités du personnage, ses hauts faits et ses vertus. C'est même à cette coutume que nous devons les documents épigraphiques les plus importants que nous possédions. Ces éloges étaient tenus comme aussi précieux au moins que la statue qu'ils accompagnaient.

C'est précisément ainsi que les pontifes récompensaient les services des Vestales. J'ai expliqué plus haut que la cour de leur atrium était entourée de statues qui représentaient les plus méritantes d'entre elles. Il n'en est point, parmi ces femmes d'élite, qui ne soit arrivée au rang de Vestale maxime, ce qui se conçoit aisément. Les supérieures de la communauté avait eu tout le loisir de faire leurs preuves ; la plupart restaient au service de Vesta bien au-delà de l'âge où la loi les autorisait à le quitter, souvent jusqu'à la vieillesse ; toutes, par leur situation et par leur ancienneté, jouissaient d'une grande influence dans le couvent et au dehors; à elles seules convenaient des honneurs extraordinaires.

Quelques-unes de ces statues ont été élevées par le collège des pontifes, directement, celle, par exemple, d'une Vestale dont le nom a été effacé sur le piédestal parce que, suppose-t-on, elle s'était convertie ultérieurement au christianisme. On y lit :

« Pour sa chasteté, sa pudeur, sa science admirable des rites religieux, les pontifes ont élevé cette statue à ***, Vestale maxime, Macrinius Sossianus, personnage d'ordre sénatorial étant vice-président du collège. »

Généralement le pontife maxime en laissait faire les frais par d'autres; il autorisait des prêtres, des parents ou des obligés de la Vestale à établir le monument; et il arrivait ainsi que la même femme possédât plusieurs statues dans l'*atrium*. Flavia Publicia, qui vivait au milieu du IIIe siècle de notre ère, dut avoir de grands mérites et surtout user heureusement de son influence ; car son nom se lit six fois sur des piédestaux.

« A Flavia Publicia, dit-on sur l'un d'entre eux, Vestale maxime très sainte et très religieuse. Elle a franchi successivement tous les degrés du sacerdoce, elle a desservi pieusement et selon les rites les autels sacrés de tous les dieux ; elle a veillé nuit et jour sur les feux éternels ; elle a mérité, avec l'âge, d'en arriver au rang qu'elle occupe. Bareius Zoticus et Flavia Verecunda, sa femme, la remercient de son extrême bienveillance à leur égard et des services rendus. »

Terentia Flavula reçoit deux statues de son frère, de sa sœur et de ses neveux ; Caelia Claudiana est honorée de même sorte par un de ses clients dont elle a appuyé la candidature, par les prêtres de Rome sainte, par une Vestale plus jeune « qu'elle a toujours soutenue de ses divins conseils ». C'est à elle qu'un obligé adresse le souhait suivant, à l'occasion du vingtième anniversaire de sa promotion au titre de Vestale maxime : « *Sic vicennalia, sic tricennalia feliciter !* »

Malheureusement tous ces éloges ne sortent pas de la banalité ; ils ne nous renseignent guère sur les femmes qui en étaient l'objet. Les quelques statues que nous avons conservées sont plus instructives ; elles nous montrent, en particulier, quel était le costume ordinaire des Vestales. En somme, il se distinguait fort peu de celui des autres dames ; comme elles, elles portaient la tunique *(stola)* serrée au-dessus de la taille et dont les plis retombaient jusque sur les pieds, et s'enveloppaient dans cette pièce d'étoffe, nommée *palla*, où les femmes se drapaient comme dans un manteau et qu'elles pouvaient faire passer au besoin par-dessus leur tête. La coiffure seule est vraiment caractéristique.

La mode variait à Rome, avec chaque génération ; à la fin de la République et plus tard au IIIe siècle, on divisait la chevelure, par une raie médiane, en deux bandeaux qui couvraient les tempes et même les oreilles ; au Ier siècle on les frisait par devant ou on les élevait en un édifice savant sur le sommet du crâne ; tantôt on entourait la tête de nattes, tantôt on se faisait un chignon haut et pointu, tantôt un chignon large et plat. Il y avait des périodes où la perruque était en honneur, à tel point qu'on fit des bustes à coiffures démontables pour permettre au marbre lui-même de sacrifier aux exigences variables et successives de la mode.

Les Vestales, au contraire, semblent avoir obéi à une règle durable. Leur chevelure, formant rouleau sur le haut du front, était complètement enveloppée de bandelettes juxtaposées, blanches et rouges, qui offrent l'apparence d'un turban ; les extrémités de ces bandelettes, sans doute de laine, retombent sur la poitrine.

Le signe caractéristique de leur ordre était le voile nommé *suffibulum* qu'elles portaient au cours des cérémonies sacrées. C'était une pièce de lainage blanc formant capuchon ; il recouvrait la tète et descendait jusque sur les épaules ; il était retenu par devant au moyen d'une agrafe du genre des fibules, d'où le nom particulier du voile.

Le tout formait un ensemble sobre et harmonieux. Ces statues respirent une dignité calme, une majesté digne de prêtresses, digne de concitoyennes de Lucrèce et de Cornélie.

Le culte de Vesta et l'ordre des Vestales durèrent jusqu'à la fin du IVe siècle. A cette époque, exactement en 394, Eugène était vaincu par Théodose et celui-ci entrait victorieux à Rome ; cette victoire marquait le triomphe définitif du christianisme sur la réaction païenne que le vaincu représentait. Ce fut, heureusement, un triomphe exempt de violences et de persécutions ; le cloître des filles de Vesta fut fermé ; il ne fut point saccagé. Quand les portes de l'atrium s'ouvrirent au public et qu'il fut donné à tous de visiter cette maison où jamais aucun homme n'avait pénétré sans sacrilège, nul ne songea à détruire ce qui y existait. On en a pour preuve les statues et les bustes, les piédestaux et les inscriptions qui furent trouvées, quelques-uns encore en place, au cours des fouilles. Si la foule s'était laissée aller aux excès ordinaires en temps de guerre civile ou religieuse, on n'aurait point rencontré tant d'objets intacts dans l'édifice ruiné ; les images des Vestales auraient été mutilées, leurs noms effacés, leur mémoire brutalement abolie. Les quelques bouleversements que nous constatons sont l'œuvre des gens du moyen âge ; mais à la fin du IVe siècle, rien de tel ne se passa. Nous n'avons gardé le souvenir que d'un seul fait. Peu de temps après la sécularisation de l'édifice, la princesse Séréna, nièce et fille adoptive de Théodose, voulut visiter la maison de Vesta ; la statue de la déesse portait encore, dit-on, un collier précieux d'une grande beauté. La jeune fille, saisie d'admiration et de convoitise ne put résister au plaisir de l'enlever de ses propres mains et de l'attacher à son cou. Une vieille femme, la dernière Vestale qui vécût encore, avait été témoin de cette profanation. On raconte qu'elle ne put retenir son indignation et qu'elle s'enhardit au point d'apostropher la princesse, la menaçant tôt ou tard de la vengeance divine. Séréna ne s'inquiéta guère de cette prédiction ; elle était jeune et croyait au sourire de la fortune. Mais la vieille Vestale avait dit vrai. Séréna mourut étranglée peu après par ordre du Sénat.

Aucun auteur ne nous a raconté ce que devint la maison des Vestales après la suppression de leur communauté ; seule l'archéologie nous renseigne sur ces détails. Il est certain qu'elle continua à être habitée. On a trouvé sur le pavé de la cour des jeux de marelle dessinés à la pointe et sur des morceaux de marbre des inscriptions grossièrement tracées. Comme il n'est guère possible de les attribuer à une époque où l'atrium était interdit à tous hormis aux Vestales et à leurs servantes, il faut bien admettre qu'ils sont l'œuvre de ceux qui les remplacèrent. A ce moment les chambres furent occupées, mais sans que leur aspect fût modifié. Qui étaient ceux qui s'y établirent, c'est ce que l'on ignore totalement.

Au VIIe siècle, les toits et les voûtes écroulées avaient recouvert le sol ancien d'une couche de débris de 1^{m}30; sur ce sol nouveau on éleva de misérables maisonnettes faites de fragments de marbre de toutes sortes. Il semble bien que les habitants n'étaient autres que des fabricants de chaux qui exerçaient leur industrie au détriment des restes antiques qui les entouraient; deux fours ont été reconnus aux environs immédiats des bâtisses, dont le fond atteignait précisément le niveau du pavement romain. C'est eux aussi qui avaient rempli de chaux jusqu'aux deux tiers une des pièces situées à droite du salon des Vestales.

Au IXe siècle le terrain s'était encore exhaussé; il atteignait la hauteur de 2^{m}50. De nouvelles constructions y avaient pris place, entre autres une petite maison qu'habitait un officier de la cour pontificale, sans doute le dépositaire des deniers de l'Église romaine. Celui-ci avait, on ne sait à quelle occasion, emporté chez lui un trésor de pièces d'or et d'argent anglo-saxonnes, au nombre de 835; il les avait cachées, dans une jarre de terre, sous le pavement de sa maison, où on les a retrouvées ; dans le même vase on a recueilli les insignes de la dignité du personnage, faites d'argent niellé et portant la légende DOMNO MARINO PAPA. Le pape Marin II occupait le trône pontifical en 882-884.

A partir du Xe siècle jusqu'au XVe l'emplacement de l'ancienne maison des Vestales resta inhabité. Il servait alors, comme toutes les autres parties du forum, de carrière de marbre. Les autorités, à cette époque, passaient avec les carriers et les chaufourniers des actes officiels — nous en possédons plus d'un — par lesquels ils leur reconnaissaient le droit d'exploiter les monuments antiques de Rome existant ou enfouis moyennant une redevance égale à une quote part du produit de l'exploitation ; et il est assez piquant de constater que tandis que les auteurs antiques commençaient à trouver des admirateurs et des émules, les édifices et les statues ne connaissaient encore que des dévastateurs. Les fouilles récentes nous ont livré, à cet égard, des renseignements singulièrement précis et éloquents. M. Lanciani a conté, par exemple, ce qui suit :

« En février 1883, dans la partie sud de

l'atrium de Vesta, on découvrit une pile de marbres longue de 14 pieds, large de 9 et haute de 7. Elle était entièrement faite de statues de Vestales, quelques-unes intactes, d'autres fragmentées. Statues et fragments avaient été soigneusement rangés; on avait laissé aussi peu de place que possible entre chaque morceau; et les vides formés par les courbes des corps avaient été remplis par de menus fragments. Il y avait là huit statues parfaitement conservées et nous fûmes agréablement surpris de trouver parmi les débris la partie inférieure de la charmante Vesta assise, qui maintenant, hélas, est méconnaissable par suite du nombre d'années que le marbre est resté exposé dans la partie la plus humide de l'atrium. Étaient présentes à cette remarquable découverte quelques personnes seulement en dehors des ouvriers; le prince royal de Prusse, plus tard l'empereur Frédéric II, le docteur Henzen, un de mes collègues et moi. Je me souviens très nettement que le prince, alors dans la pleine vigueur de la santé, aidait les ouvriers à soulever les masses de marbre et à appuyer les statues contre le mur de l'atrium. C'était l'âge d'or des fouilles de Rome, et nous nous le rappelons comme un songe. Ces belles statues avaient été empilées en un tas oblong bien régulier, comme une corde de bois, par des chercheurs de pierres qui avaient soigneusement rempli les intervalles entre les statues couchées pour ne laisser aucun vide. Par quel heureux événement ces sculptures avaient-elles été préservées, on ne saurait le dire ; une seule chose est certaine, c'est qu'une grande quantité d'autres marbres, appartenant à la maison des Vestales, ont dû périr par le feu. »

Le peu qui reste du temple de Vesta et du couvent de ses prêtresses est heureusement à l'abri, désormais, de toute profanation. On l'a interrogé longuement, avec science et même avec piété. Ce qu'on n'y a pas trouvé, il n'y a d'espoir qu'on puisse jamais le découvrir ; ce qu'on y a trouvé, on l'a noté avec le plus grand soin ; et je viens d'essayer de vous le faire connaître.

ACTÉON

PAR

SALOMON REINACH
Membre de l'Institut

I

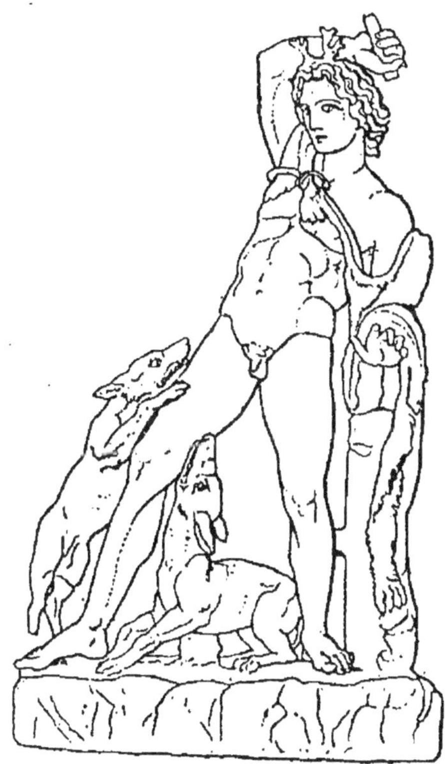

FIG. 1. — Actéon attaqué par ses chiens. Groupe en marbre du Musée Britannique[1].

« Actéon, chasseur thébain, surprit Diane au bain, fut changé en cerf et déchiré par ses chiens. » Ainsi s'expriment les Dictionnaires de la Fable ; mais il ne faut pas toujours croire les Dictionnaires.

Dans les monuments du Ve siècle avant l'ère chrétienne qui sont relatifs au châtiment d'Actéon, tels qu'une des métopes de Sélinonte (fig. 2) et quelques vases

1. Müller-Wieseler, *Denkmæler*, pl. XVII, 186.

peints de beau style à figures rouges [1], l'épisode du bain d'Artémis ne paraît jamais. La déesse, sévèrement vêtue, préside au supplice de l'infortuné chasseur, parfois seule (fig. 3, 4), parfois en présence d'autres divinités (fig. 5) ; parmi ces dernières on trouve Erinys ou Lyssa, qui inspire une rage meurtrière aux chiens d'Actéon [2].

Il n'en est plus de même à l'époque hellénistique.

Pour les Grecs d'Alexandrie et leurs élèves, les poètes et les artistes de la Rome impériale, Actéon est le héros malheureux d'une aventure galante [3]. Cette aventure est désormais au premier plan. Des trois moments qui composent son histoire — Artémis et les nymphes surprises au bain, Actéon changé en cerf, puis dévoré par les chiens de sa propre meute — c'est le premier que la poésie et l'art mettent surtout en évidence (fig. 7). L'idée de la chaste déesse et de ses compagnes, aperçues sans voiles, à

1. Lenormant et de Witte, *Elite des Monuments céramographiques*, t. II, p. 323.

2. *Elite céramographique*, pl. 103 B ; Vinet, art. *Actéon* dans *le Dictionnaire des Antiquités*.

3. Callimaque, V, 110 et les nombreux textes cités dans Pauly-Wissowa, art. *Actaion*, p. 121.

l'heure de la méridienne, auprès des eaux de la fontaine de Gargaphie, évoque des images si gracieuses et si souriantes qu'elles atténuent

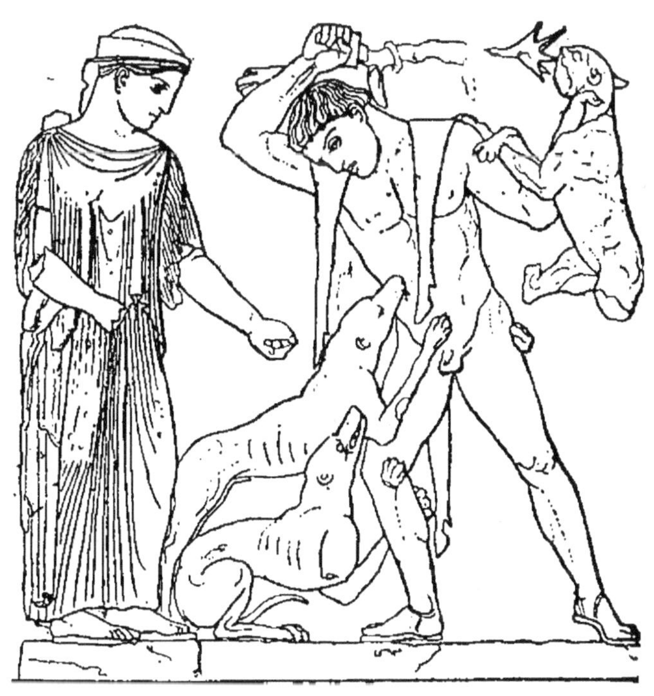

FIG. 2. — Artémis et Actéon. Métope du Ve siècle av. J.-C. à Palerme, provenant de Sélinonte[1].

l'horreur de la catastrophe prochaine et empêchent même qu'on la prenne trop au sérieux.

Toutefois, les poètes ne se font pas faute de réclamer contre l'injustice du châtiment. Le supplice d'Actéon devient à leurs yeux le type même d'une peine cruelle et imméritée. Ovide, victime de la colère d'Auguste pour avoir vu ce

1. Müller-Wieseler, *Denkmæler*, pl. XVII, 184.

qu'il n'aurait pas dû voir, se compare au chasseur béotien, et, tout en s'inclinant sous la vengeance impériale, affirme qu'il est aussi innocent qu'Actéon. Ce n'est pas son cœur, ce sont ses yeux seuls qui ont péché [1].

Très populaire sous l'Empire romain, souvent traitée par l'art de la Renaissance italienne et jusqu'à nos jours, la fable d'Actéon évoque tout d'abord, chez les modernes, l'épisode de la déesse surprise au bain. Mais c'est précisément cet épisode qui n'appartient pas au fond primitif de la légende ; la littérature, comme l'art, paraît longtemps l'avoir ignoré. Avant d'accepter cette explication de la colère d'Artémis, les poètes et les mythographes en avaient allégué bien d'autres [2] : Actéon s'était vanté d'être plus habile chasseur qu'elle [3]; il avait osé lui déclarer son amour [4]; il avait offensé non pas Artémis, mais Zeus, en prétendant à l'hymen de Sémélé [5].

Vinet a soutenu que ce dernier témoignage, qui remonte à Stésichore, était altéré et qu'il

1. Ovide, *Tristes*, II, 105.
2. Cf. *Élite céramographique*, t. II, p. 324-325.
3. Euripide, *Bacch.*, 339.
4. Diodore, IV, 8, 4.
5. Pausanias, IX, 2, 3 (d'après Stésichore).

fallait lire *Séléné* au lieu de *Sémélé.* Conjecture singulièrement malheureuse ; car, d'abord, les affaires de Sémélé regardaient bien Zeus, alors que celles de Séléné ne le concernaient en rien ; puis, si les manuels de mythologie, condamnés au syncrétisme, identifient Séléné, la déesse lunaire, à Artémis, c'est là une confusion qu'on

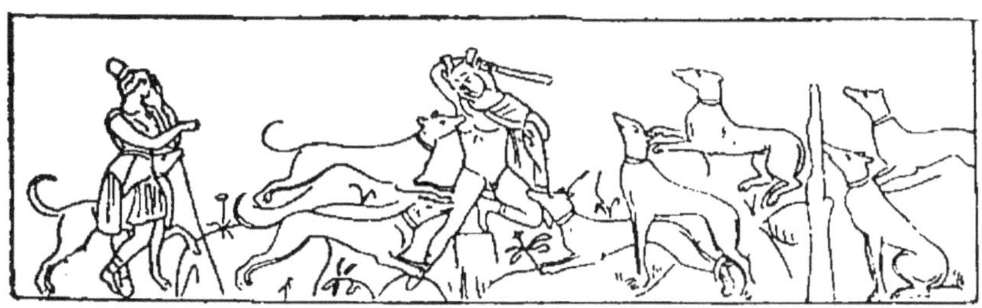

Fig. 3. — Le châtiment d'Actéon[1].

ne trouverait jamais dans une tradition hellénique de bon aloi.

En dehors des motifs du supplice d'Actéon que nous ont conservés les textes littéraires, il y en avait, je crois, un autre dont ils ne parlent pas, mais qui est clairement attesté par une peinture de vase. Cette peinture décore un grand cratère de Ruvo, appartenant à la *Raccolta Santangelo* au Musée de Naples (fig. 9)[2]. On y

1. Vase à fig. rouges du Musée Britannique. Actéon attaqué par ses chiens sous les yeux d'Artémis (S. Reinach, *Rép. des vases*, t. II, p. 214, 3).

2. *Revue archéologique*, 1848, p. 100; *Élite*, t. II, pl. 103 A.

voit Actéon, déjà pourvu de cornes de cerf, au moment où il va percer de son épieu une biche qu'il a saisie par la naissance de ses grands bois ; à droite, Artémis assise se prépare à décocher une flèche ; à gauche sont Pan et Hermès. Vinet voulait rapporter cette scène à un texte de Diodore, suivant lequel Actéon aurait cherché à séduire Artémis en lui offrant le produit de sa chasse. Cette explication est manifestement absurde, car Actéon n'offre pas la biche à la déesse et si celle-ci fait mine de lancer une flèche, c'est sans doute qu'Actéon va être puni par elle de son imprudence sacrilège, pour avoir tué une biche consacrée à Artémis. Cette biche n'est pas, en effet, un animal ordinaire ; comme la biche de Télèphe, comme les biches aux bois dorés des bords de l'Anauros dont parle Callimaque [1], elle est pourvue de bois d'une taille gigantesque. C'est une biche divine ou, tout au moins, un gibier de choix, réservé à la déesse. Il existait donc une autre tradition suivant laquelle Actéon s'était attiré le courroux d'Artémis en tuant à la chasse une biche consacrée ; dans cette

1. Callimaque, *Hym. in Dian.*, 101.

version, l'imprudent était puni par Artémis et non par ses chiens[1].

De cette variété de motifs mis en avant par les mythographes et les poètes, il est, dès l'abord, permis de conclure que la légende, sous sa forme la plus ancienne, rapportait le supplice du chasseur, mais n'en indiquait pas la raison. En général, les légendes de ce genre disaient le *comment*, mais non le *pourquoi;* cette dernière question ne s'est posée que plus tard et a exercé l'ingéniosité des exégètes, dont la fantaisie s'est donné libre cours même aux dépens de la vraisemblance et du bon sens. On constate la même absence de motifs dans les traditions anciennes relatives à la mort d'Orphée, à celle de Tantale, de Sisyphe et de bien d'autres héros de la fable; on constate aussi la même diversité de motifs allégués dans les textes exégétiques de date récente. La mort violente de ces personnages et leur genre de mort ne faisaient doute pour personne; le désaccord commençait quand il fallait dire pourquoi ils avaient été frappés[2].

1. Lenormant et de Witte ont déjà tiré cette conclusion de la peinture du vase Santangelo (*Élite*, t. II, p. 345.)

2. Cf. *Cultes, Mythes et Religions*, t. II, p. 85, 165, 170,

En ce qui concerne Actéon, la version admise à l'époque alexandrine et à l'époque romaine est une de celles qui devaient s'offrir naturellement à l'esprit, puisqu'il s'agissait d'un chasseur puni par une déesse virginale. Il est toujours dangereux, pour un mortel, de voir une divinité face à face, fût-ce un demi-dieu; ainsi, l'Athénien Epizélos perdit soudain la vue, à la bataille de Marathon, pour avoir aperçu auprès de lui un héros combattant dans les rangs des Grecs. C'est là une idée qui n'est pas particulière aux Hellènes, car l'Éternel dit à Moïse qu'*on ne peut pas voir sa face et vivre;* pour permettre au prophète de l'entrevoir de dos, Jahweh le place dans un creux de rocher et lui couvre d'abord les yeux de sa main[1]. Les *Actes des Apôtres* nous apprennent qu'après sa vision sur le chemin de Damas, saint Paul resta aveugle pendant trois jours et dut recourir aux bons offices d'un conducteur[2]. L'heure de la méridienne est pleine de périls pour le berger ou le chasseur qui risque de surprendre un dieu dans sa quiétude et de le voir en pleine lumière[3].

1. *Exode*, XXXIII, 20-23.
2. *Actes des Apôtres*, IX, 9.
3. Cf. l'art. *Meridianus Deus* dans le *Lexicon* de Roscher.

D'autre part, le simple aspect d'une femme

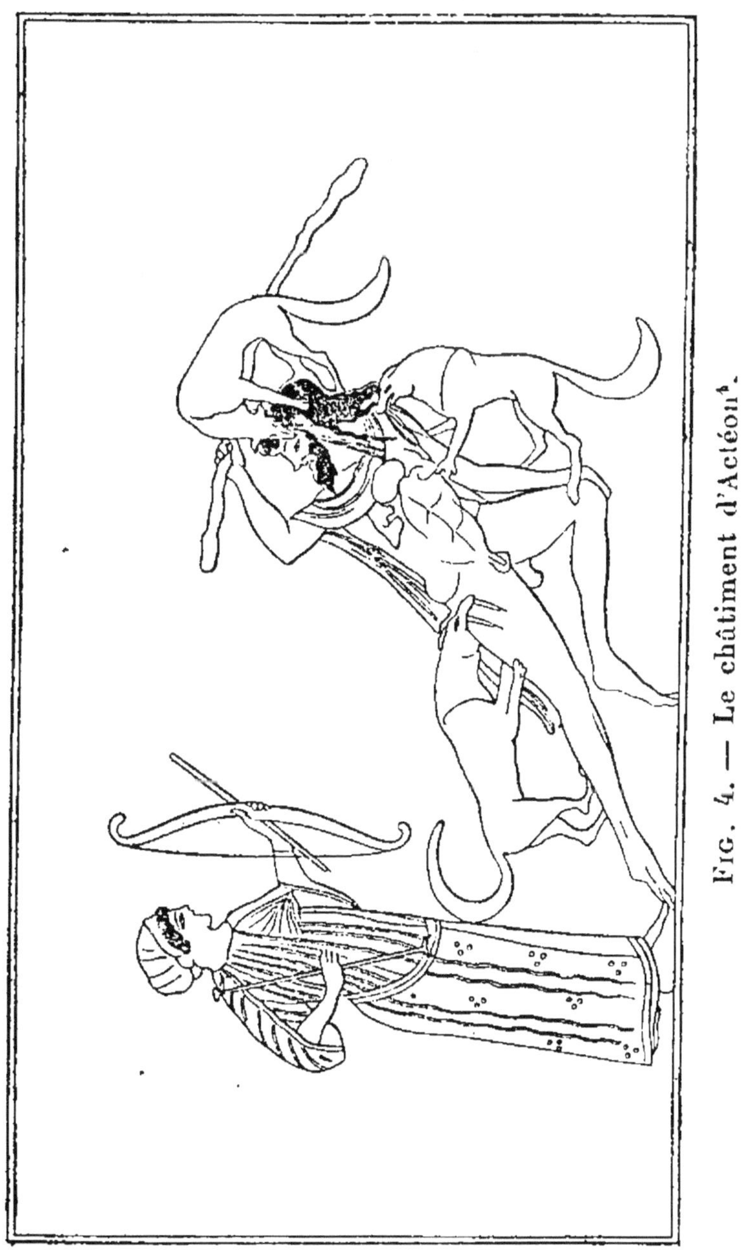

Fig. 4. — Le châtiment d'Actéon[1].

sans voiles peut être redoutable, témoin l'histoire de Bellérophon qui s'enfuit devant les

1. Vase à fig. rouges (*Élite céramographique*, t. II, pl. 99).

femmes lyciennes retroussées[1]. Malheur surtout à l'imprudent qui voit une déesse toute nue ! Tirésias aperçut Athéné au bain et ses yeux, un instant éblouis, perdirent à jamais la clarté[2].

A l'époque où sévissait la mode des explications evhémeristes, les anciens tentèrent d'interpréter le mythe d'Actéon. Ils firent d'Actéon le type du jeune prodigue, que sa passion pour la chasse et pour les chiens mènent à la ruine. Cela est inepte et ne mérite pas d'être réfuté. Mais que dire des explications plus savantes proposées au XIXe siècle, sinon qu'il suffit de les répéter pour les faire juger à leur valeur? Le duc de Luynes reconnaissait dans Actéon un héros rayonnant, ἀκταίων, « le symbole du soleil brumal cédant à l'influence des autres astres[3]. » Vinet écrivait en 1848[4] : « Quelques notions astronomiques se fixant, après avoir reçu la sanction du culte, dans l'esprit du peu-

1. Plutarque, *De Mulier. Virt.*, 19 ; cf. *Revue celtique*, 1896, p. 244 et suiv.

2. Callimaque, *Lavacr. Pallad.*, 75. — Aepytos devint aveugle pour être entré dans le temple de Poseidon à Mantinée (Pausanias, VIII, 5) ; la cécité est, d'une manière générale, un des châtiments de la violation d'un *tabou* visuel.

3. *Nouvelles Annales*, t. I, p. 71.

4. *Revue archéologique*, 1848, p. 466.

ple, et passant ensuite, grâce aux poètes, dans la mythologie, en voilà plus qu'il ne fallait pour constituer un mythe. L'idée fondamentale, celle d'une lutte entre le chien céleste, symbole de la chaleur, et peut-être aussi des maladies pestilentielles qui en sont la suite, et le Jupiter humide et froid, a pu donner naissance à la tradition d'un chasseur dévoré par ses

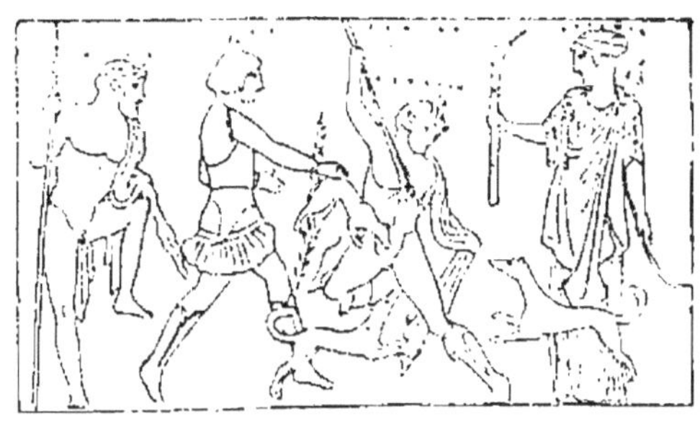

Fig. 5. — Le châtiment d'Actéon[1].

chiens. Je suis surtout frappé de voir que cette lutte s'accomplit sous l'influence de la déesse Artémis-Lune ; la lune, comme on sait, joue un rôle important dans les phénomènes atmosphériques... Serait-il téméraire de supposer que la stérilité et les maladies amenées par la canicule aient été personnifiées par les chiens dévorants d'Actéon ? » *Risum teneatis.* Lenor-

1. Vase à fig. rouges du Musée de Boston. Actéon, Artémis, Lyssa et Zeus sont désignés par des inscriptions (S. Reinach, *Rép. des vases*, t. I, p. 229, 1).

mant et de Witte écrivent gravement qu'Actéon est un emblème du soleil couchant ou du soleil brumal; il veut faire violence à la chaste Diane, qui n'est autre que la Lune et que la déesse infernale[1]. Enfin, voici l'exégèse de feu Decharme en 1879, inspirée de celle des mythographes allemands, H. D. Müller et Preller : « Actéon est, comme Orion, un héros sidéral et la façon dont il meurt semble indiquer qu'il est identique à Sirios. Actéon, le chasseur dévoré par sa meute, c'est la constellation même du Chien, qui périt consumée par ses propres feux, qui disparaît à l'horizon en présence de la lune dont elle s'est approchée et dont elle a tenté d'éclipser l'éclat[2]. »

Laissons ces belles explications à ceux qui croient pouvoir les comprendre et revenons au mythe lui-même pour lui demander ce qu'il signifie.

II

En cherchant à interpréter la fable d'Actéon, c'est-à-dire à la ramener à sa forme la plus ancienne, nous devons d'abord éliminer, comme

1. *Élite céramographique*, t. II, p. 329.
2. Decharme, *Mythologie de la Grèce antique*, p. 430.

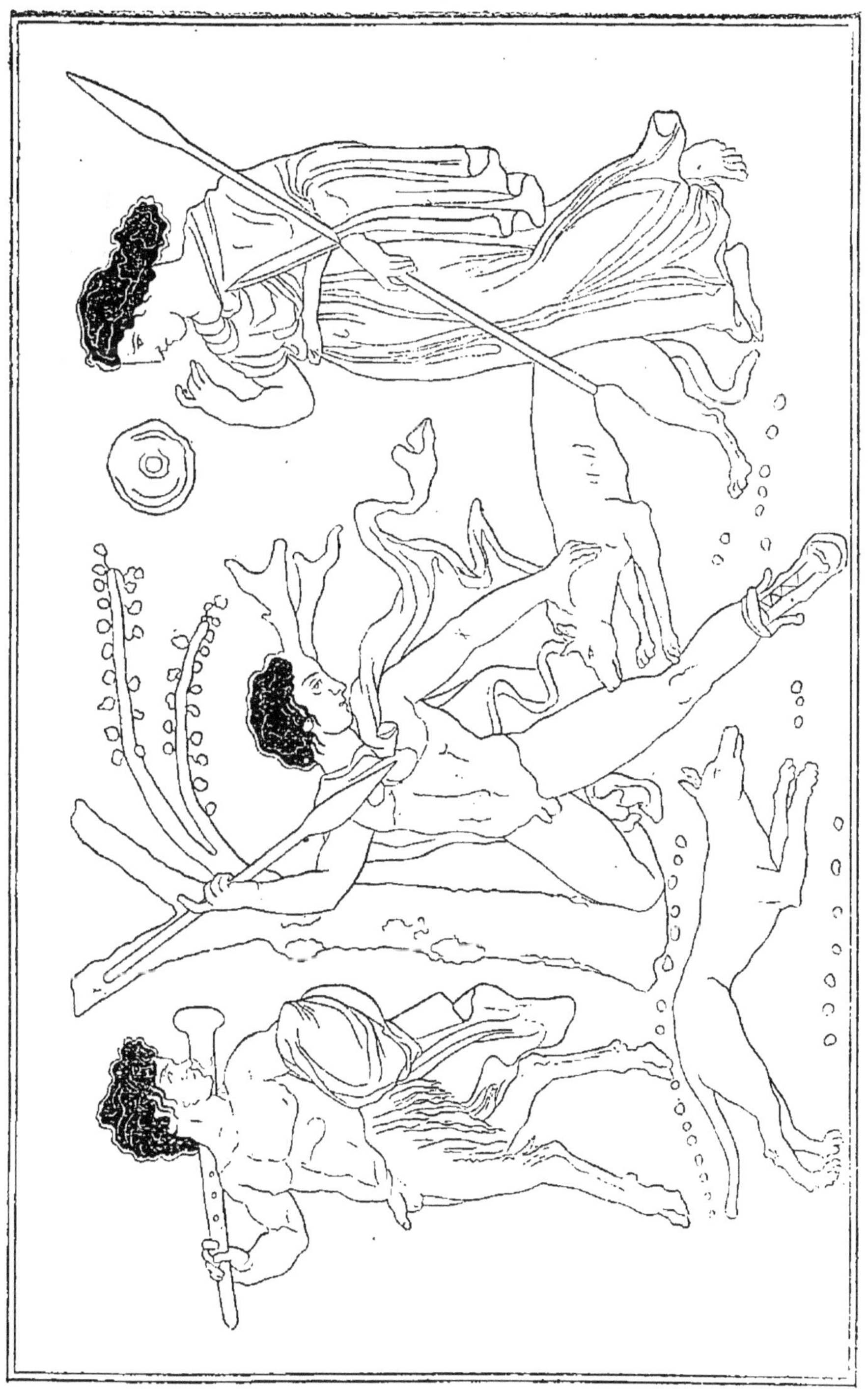

FIG. 6. — Le châtiment d'Actéon[1].

1. Vase à figures rouges. Actéon est assailli par ses chiens en présence d'Artémis et d'un Pan (*Élite céramographique*, t. II, pl. 100).

adventice et banale, l'histoire d'Artémis surprise au bain. Nous avons montré qu'elle n'est pas ancienne et pourquoi cette explication du courroux de la déesse a dû se présenter, parmi beaucoup d'autres, à l'esprit ingénieux des Grecs.

Restent deux éléments qui se retrouvent ensemble dans toutes les versions littéraires : la transformation du chasseur en cerf et le déchirement du chasseur tout vif par ses chiens — une métamorphose et un *sparagmos*.

Les récits poétiques de métamorphoses ont tous pour objet d'expliquer l'affinité de certains personnages de la fable avec des animaux, des végétaux ou même des objets inanimés. Cette affinité, qui va jusqu'à l'identité, est attestée par des usages rituels ou des représentations figurées ; tel est le point de départ de la légende. En vérité, il y a bien eu métamorphose, ou quelque chose d'approchant, quand le culte du laurier, par exemple, est devenu celui de Daphné ; seulement, la légende a transposé les phénomènes et attribué la priorité dans le temps à la forme anthropomorphique qui est, au contraire, le produit d'une lente évolution. Tout récit de métamorphose recouvre et implique la transformation anthropomorphique de l'objet d'un culte ; on peut dire que c'est de l'histoire religieuse contée à rebours.

Appliquons ce principe au cas d'Actéon ; on en conclura sans hésiter que, dans la légende

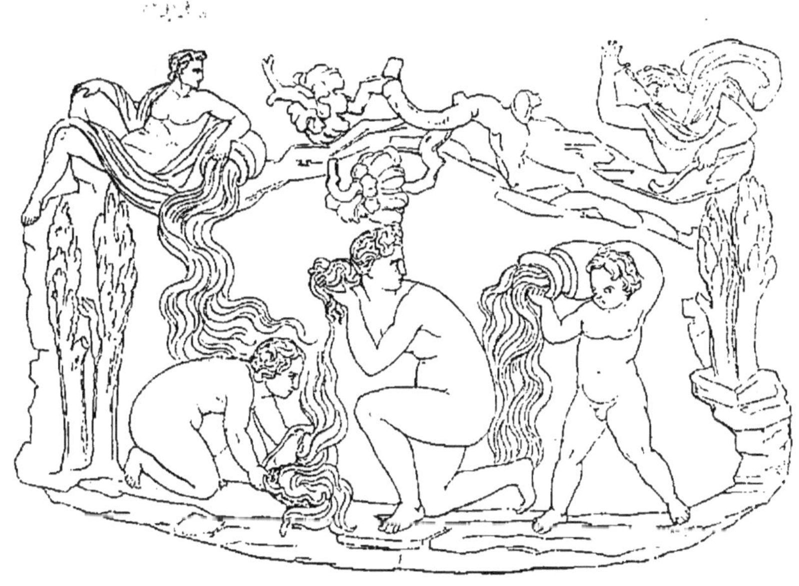

Fig. 7. — Le bain d'Artémis[1].

primitive ou dans le rite plus ancien encore d'où est née la légende, Actéon n'était pas un chasseur de cerfs, mais un cerf.

Plus tard, avec les progrès de l'anthropomorphisme, il devint un des nombreux héros chas-

1. Bas-relief d'un sarcophage du Louvre (Clarac-Reinach, I, p. 4), qui représente, d'une part, Artémis au bain, de l'autre, Actéon attaqué par ses chiens et Autonoé pleurant sur le corps de son fils.

seurs de la fable, objet, en Béotie, d'une vénération mêlée de crainte et d'un culte public dans plusieurs villes. On racontait à Orchomène que la contrée avait été autrefois infestée par le spectre d'Actéon ; les habitants consultèrent l'oracle, qui leur enjoignit de recueillir ses restes, de les ensevelir avec honneur et de fixer par des chaînes à un rocher — celui sans doute où apparaissait le spectre — l'image en bronze de ce fantôme vagabond[1].

Je noterai, à ce propos, que M. Frazer, dans sa grande édition de Pausanias, cite encore, d'après le *Dictionnaire des Antiquités*, une monnaie d'Orchomène, sur laquelle figurerait, d'un côté, Artémis nue, agenouillée pour tirer à l'arc, et, de l'autre, l'image d'Actéon enchaînée à un rocher. Cette monnaie a été souvent décrite et reproduite, mais toujours d'après un dessin de fantaisie publié par l'abbé Sestini. L'original, qui faisait partie de la collection Cousinéry et a passé au Cabinet de Munich, est fort indistinct ; mais un exemplaire meilleur. acquis par le Musée de Berlin, a permis à Friedlaender de reconnaitre, dès 1864[2], que l'Ar-

1. Pausanias, IX, 38, 5.

2. *Archeologische Zeitung*, 1864, p. 133.

témis prétendue nue était vêtue d'une tunique de chasse et que la figure du revers était féminine, l'indication des chaînes résultant d'une méprise de Sestini. Cette monnaie d'Orchomène,

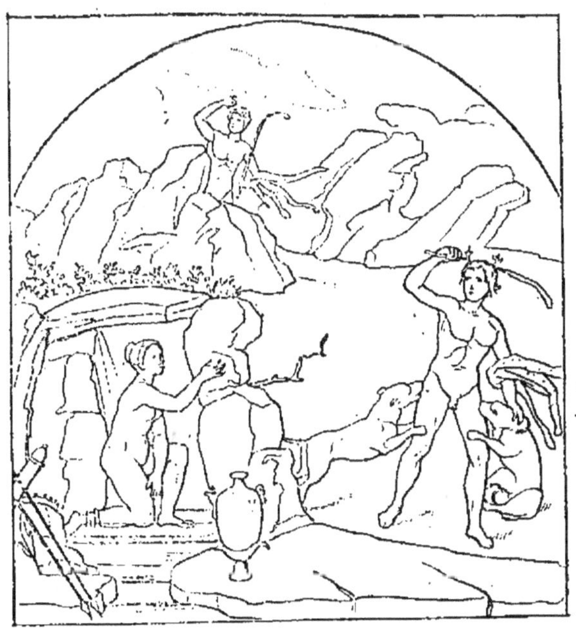

Fig. 8. — Le bain d'Artémis et le châtiment d'Actéon, fresque découverte à Pompeï[1].

qui appartient d'ailleurs à l'Arcadie, non à la Béotie, n'a donc rien à voir avec Actéon[2].

1. Müller-Wieseler, *Denkmæler*, pl. XVII, 183 *a; Dict. des antiquités*, t. I, p. 53, fig. 86.

2. Un assez bon exemplaire de cette pièce est reproduit par la phototypie dans le catalogue du British Museum (*Peloponesus*, p. 190, pl. XXXV, 15). On voit Artémis agenouillée, vêtue d'un chiton court, un pétase pendant sur le dos, un arc dans la main, un chien derrière elle ; au revers, Callisto assise, tombant

A Platées, Actéon était l'objet d'un culte comme un des héros ἀρχηγέται de la ville ; avant la bataille de Platées, Aristide lui offrit un sacrifice par ordre de l'oracle de Delphes[1]. Voit-on Aristide le Juste offrant un sacrifice à un héros chasseur, dont le seul exploit aurait consisté à voir une déesse nue et à être châtié par elle de son imprudence ? Évidemment, aux yeux de la Pythie de Delphes et d'Aristide, Actéon avait d'autres titres à être honoré et sollicité comme un saint.

Ainsi, à l'époque grecque et même à l'époque impériale, Actéon n'est pas, en Béotie, ce qu'il est à Rome et dans les écoles de grammaire, le héros d'un conte galant et badin ; c'est un demi-dieu redouté, dont la mort est célébrée à Orchomène par une fête annuelle, dont on montre la sépulture et dont le souvenir revêt un caractère analogue à ceux de l'Atys phrygien et d'Adonis en Syrie.

La mythologie, qui transforme les rites en mythes, assimile volontiers les mythes à l'histoire et cherche à les situer dans le temps.

à la renverse, percée d'une flèche ; auprès d'elle, le jeune Arcas étendant les bras.

1. Plutarque, *Aristide*, XI, 3.

L'evhémérisme n'est pas une maladie du génie grec à son déclin ; c'est le principe même de toutes les mythologies. D'un événement qui se répète, qui constitue un usage du culte, l'exé-

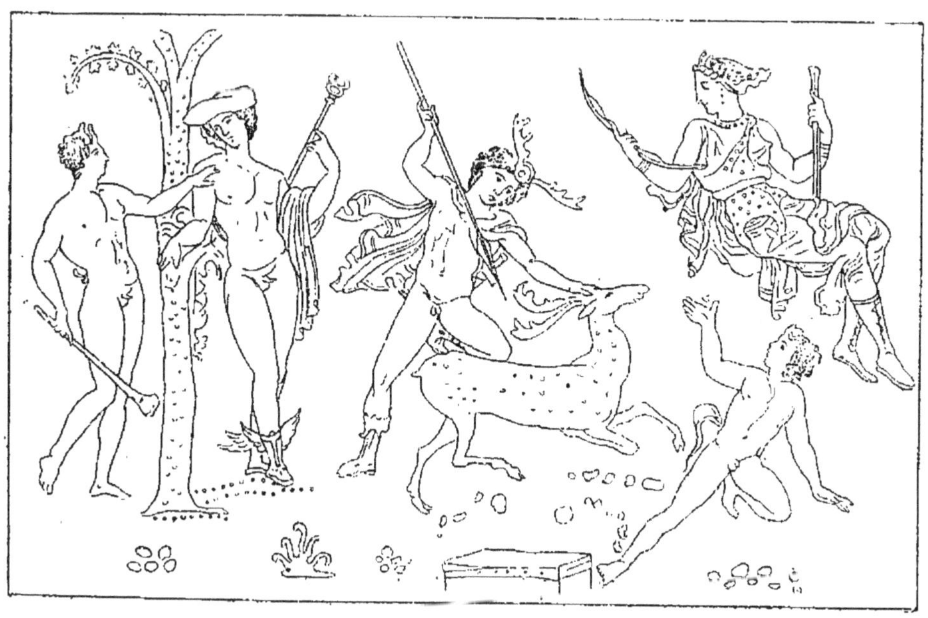

VASE D'ACTÉON

FIG. 9. — Actéon tuant une biche sacrée en présence d'Artémis et d'autres divinités[1].

gèse demi-savante tire un épisode qui se serait produit une seule fois et, par cet événement unique, elle cherche à justifier l'existence de la coutume rituelle, du drame religieux. Là

1. Vase à figures rouges du Musée de Naples (*Revue archéologique*, 1848, pl. 100).

encore, comme dans les récits de métamorphoses, elle commet ce que les logiciens appellent un *hystéron protéron* ; elle intervertit l'ordre des phénomènes en plaçant la légende à l'origine du rite. Il appartient à une exégèse mieux informée d'intervertir ce rapport.

En l'espèce, nous conclurons du mythe d'Actéon-cerf au sacrifice périodique d'un cerf, qui s'effectuait dans des conditions particulières ; nous savons d'avance que ces conditions doivent se refléter dans le récit mythique, parce qu'elles en ont nécessairement fourni le point de départ, et nous croyons possible de les en dégager à la lumière de faits religieux analogues, qui fournissent matière à des rapprochements instructifs.

III

Les diverses traditions sont d'accord pour nous apprendre qu'Actéon a été déchiré tout vif. Ce genre de mort horrible se retrouve dans plusieurs autres légendes, celles de Dionysos Zagreus, d'Orphée, de Penthée[1]. A

1. Voir d'autres exemples cités dans l'*Élite céramographique*, t. II, p. 330.

Orchomène même, où Actéon était l'objet d'un culte, Plutarque nous parle des fêtes dionysiaques dites *Agrionia*, commémorant le déchirement du fils de Leucippe par les trois filles de Minyas[1]. Beaucoup de cultes bachiques, pratiqués en général par des femmes, comportaient le même rituel : non seulement la victime était déchirée vivante, ce qui constituait le διασπασμός ou σπαραγμός, mais elle était dévorée toute crue, ce qui constituait l'ὠμοφαγία[2]. Le σπαραγμός et l'ὠμοφαγία vont de pair ; ce sont, à l'époque classique, les survivances d'un même rituel primitif. Les anciens savaient que ce déchirement et cette manducation de l'animal pantelant s'étaient conservés dans certains cultes par l'effet de traditions mystérieuses, dont il ne convenait pas de parler trop clairement — κατά τινὰ ἄρρητον λόγον, dit Photius[3]. Il y avait là une sorte de discipline de l'arcane analogue à celle que s'imposaient les premiers chrétiens lorsqu'ils faisaient allusion à l'Eucharistie devant les catéchumènes[4]. On lit dans

1. Plutarque, *Quaest. Rom.*, 112 ; *Quaest. Symp.*, 8.
2. Cf. Lobeck, *Aglaophamos*, p. 696, 710.
3. Photius, *s. v.* νεβρίζειν.
4. Cf. Batiffol, *Études d'histoire et de théologie*, 1902, p. 27.

les *Canons d'Hippolyte* : « Les catéchumènes devront entendre seulement la prédication... Quant aux mystères de la vie, de la résurrection et du sacrifice, ils sont réservés aux seuls baptisés, à ceux qui appartiennent au groupe des fidèles. » Et Origène, au moment où il va parler de l'Eucharistie, dans une homélie prêchée devant toute l'église, s'arrête en disant : « N'insistons pas sur ces choses qui sont claires pour qui les connaît et doivent rester obscures pour qui les ignore. » Des suspensions analogues du discours, répondant au même devoir de discrétion, se rencontrent souvent dans Hérodote, dans Pausanias et même dans Plutarque.

Pourtant, les allusions que se sont permises les auteurs païens ne nous laissent aucun doute sur la nature des rites où interviennent le déchirement et l'*omophagie* : c'est toujours d'une *théophagie* qu'il s'agit, de l'absorption, par les initiés ou les prêtres, du sang, de la chair, de la vie même de la victime divine ou divinisée.

Déchirer un animal vivant et le dévorer tout cru est le fait de sauvages très primitifs. Dès le début de la littérature grecque, les Hellènes avaient depuis longtemps renoncé à ces répugnantes coutumes; ils tuaient les animaux avant de les cuire et les cuisaient avant de les manger. Si, de loin en loin, les vieux usages reparaissent, c'est à titre de survivances religieuses, motivées par les prescriptions de rituels archaïques que la *discipline de l'arcane* soustrait à notre curiosité.

Mais ce que les hommes civilisés cessent bientôt de faire, tous les animaux carnivores le font d'instinct et toujours. Aux yeux des Grecs posthomériques, qui introduisaient leurs mœurs policées même dans leurs légendes, ou qui tâchaient d'expliquer par des symboles celles qu'il était impossible de purifier, le cerf Actéon n'avait pu être déchiré vivant que par des chiens.

De ces chiens d'Actéon, rendus furieux par la déesse offensée, les grammairiens grecs prétendaient même connaître les noms; ils nous en ont laissé de longues kyrielles; ils ont dit que ces chiens avaient été guéris de la rage par le centaure Chiron, qu'ils étaient les lointains ancêtres des grands dogues de l'Inde et que leur ingratitude envers leur maître avait donné naissance au proverbe : τρέφειν κύνας, *nourrir des chiens*. Tous ces détails sont amusants, mais n'appartiennent pas au fond de l'histoire. Il est évident que les chiens y ont été introduits par l'effet d'un scrupule esthétique, par la crainte d'ensanglanter les mains et peut-être les lèvres de la déesse. Si l'on se rappelle les mythes parallèles de Zagreus, d'Orphée et de Penthée, qui nous sont parvenus sous une forme plus primitive que celui d'Actéon, on remarquera que, dans ces mythes, aucun animal carnivore ne vient s'interposer, comme un exécuteur des hautes-œuvres, entre les sacrificateurs et leurs victimes. Dans les récits que nous possédons, ces victimes sont humaines, alors qu'elles étaient, à l'origine, animales — un taureau (Dionysos Zagreus), un renard (Orphée), un faon (Penthée). Au cours de la transformation que leur a fait subir l'anthropomorphisme, le déchirement de la victime vivante est un trait que les mythographes ont conservé ; mais ils ont atténué le plus possible celui de l'*omophagie*, qui, en l'espèce, devenait du cannibalisme. Toutefois, le récit de la mort de Zagreus, de celle d'Orphée et de Penthée impliquent l'omophagie primitive, d'abord parce que les Grecs nous ont parlé d'omophagie à propos du culte de Dionysos Zagreus et des *Agrionia* d'Orchomène[1], puis parce que l'analyse des textes littéraires suffit à la rendre plus que vraisemblable dans les mythes parallèles d'Orphée et de Penthée. J'ai donné ailleurs les preuves à l'appui de cette manière de voir et me contente ici de quelques indications[2]. Orphée, disait-on, avait détourné les hommes du cannibalisme ; or, Porphyre croit savoir que les Bassaroi, c'est-à-dire les Thraces parmi lesquels vécut et mourut Orphée, se repaissaient de chair humaine. Les Bacchantes d'Euripide, après avoir déchiré des taureaux et des vaches, vont laver à une source voisine leurs joues dégouttantes de sang; si elles n'avaient pas mangé de ces chairs pantelantes, il leur aurait évidemment suffi de se laver les mains[3].

IV

Il résulte de ces rapprochements que, dans une forme plus primitive du mythe d'Actéon, le cerf était déchiré et dévoré non par des chiens, mais par la déesse et ses compagnes.

1. Cf. *Cultes, Mythes et Religions*, t. II, p. 95; Plutarque, *Quaest. Graec.*, 38 et l'article *Agrionia* de Preller dans la 2e éd. de la *Real-Encyclop.* de Pauly.
2. *Ibid.*, p. 90.
3. *Ibid.*, p. 96.

Les chiens ont été introduits dans le mythe pour en atténuer le caractère barbare ; leur présence constitue une sorte d'euphémisme. Dans l'effort que nous faisons pour ramener la légende à sa forme primitive, il est nécessaire d'en éliminer les chiens.

Remarquons, d'ailleurs, que dans la peinture du vase Santangelo, qui nous a conservé une autre version du mythe (fig. 9), c'est Artémis qui se prépare à exercer directement sa vengeance sur Actéon, en lui décochant une de ses flèches redoutables, pour le punir d'avoir tué une biche sacrée. Ainsi, dans cette forme de la légende, deux caractères primitifs ont été conservés : l'immolation d'un animal quasi divin et l'intervention immédiate de la déesse, qui n'a pas besoin des chiens d'Actéon pour la venger.

Maintenant, si le cerf Actéon est devenu, par l'effet de l'anthropomorphisme, le chasseur Actéon, la chasseresse Artémis et ses compagnes doivent être, elles aussi, le produit d'une évolution analogue. Comme toutes les divinités anthropomorphiques des Grecs, Artémis a hérité, si l'on peut dire, du culte et de la légende sacrée de plusieurs animaux. Son nom — Artémis rapproché d'*arktos* — joint à des témoignages littéraires et figurés, prouve que l'Artémis primitive, celle de l'Arcadie probablement, a été une ourse[1]; mais, dans d'autres clans et d'autres pays, la divinité qui s'est confondue plus tard avec l'Artémis arcadienne a certainement été une biche. La biche survit, auprès de l'Artémis de la mythologie classique, à titre de compagne, de monture, d'animal de trait, de gibier et de victime favorite[2]; bien plus, un doublet d'Artémis, Iphigénie, est transformée en biche par la déesse et Pausanias nous parle d'une statue d'Artémis vêtue de la dépouille d'un cerf[3].

Ceux auxquels est surtout familière l'image classique d'Artémis chasseresse, accompagnée d'un ou de plusieurs chiens, se demanderont si le chien ou la chienne ne seraient pas, au même titre que l'ourse et la biche, une des compo-

1. *Cultes, Mythes et Religions*, t. I. p. 58.

2. Stephani, *Compte rendu pour* 1868, p. 17-30; *Journal of hellenic Studies*, t. XIV (1894), p. 134; *Bull. de Correspondance hellénique*, t. XV (1891), p. 3

3. Pausanias, VIII, 37, 4. — La peau de cerf joue un certain rôle dans la légende d'Actéon. Dès le Ve siècle, pour ne pas admettre la métamorphose, les rationalistes disaient qu'Artémis avait jeté sur Actéon une peau de cerf. Dans la Nekyia de Polygnote, Actéon était assis sur une peau de cerf (cf. Wentzel, art. *Aktaion*, dans Pauly-Wissowa, p. 1209).

santes zoomorphiques de l'Artémis grecque. On admettrait alors volontiers qu'Artémis et les nymphes, dans le mythe d'Actéon, représentent autant de chiennes acharnées contre un cerf et que l'évolution de la légende n'a fait que juxtaposer à l'animal chassé la divinité chasseresse qui en est issue. J'indique cette voie, mais pour dissuader qu'on s'y engage. Artémis est souvent figurée comme chasseresse dans la littérature et dans l'art; mais, dans le culte, cet aspect de sa personnalité divine est très peu développé[1], car Artémis est essentiellement une divinité de la végétation et de la vie animale, non de la destruction ou de la mort. Le chien est étroitement associé au culte d'Hécate, puisqu'on immolait des chiens à Hécate; mais Hécate n'a été confondue avec Artémis qu'à une époque d'érudition et de syncrétisme; ce sont des divinités tout à fait distinctes[2]. Nulle part

1. Schreiber, art. *Artemis* dans le *Lexicon* de Roscher, p. 582.

2. Il importe peu que Phérécyde (fragm. 32, Sturz) fasse d'Hécate la sœur d'Actéon, ni que Stace (*Theb.*, VII, 273) appelle « gouffre d'Hécate », la fontaine de Gargaphie. Ces rapprochements sont dus au syncrétisme ; Lenormant et de Witte, qui leur attribuent à tort de la valeur, ajoutent que les noms d'Actéon et d'Hécate présentent « une exacte ressemblance » (*Élite*, t. II, p. 327) — ce qui est manifestement absurde. Dans le même article, d'ailleurs, ils rattachent le nom d'Actéon au grec ἀκτή.

on ne sacrifie de chiens à Artémis, alors qu'on lui sacrifie le cerf, le sanglier, le bouc et la chèvre[1]. J'en conclus qu'on peut admettre, pour une époque très ancienne, une Artémis-biche, une Artémis-laie, une Artémis-chèvre, mais que rien n'autorise à croire qu'il ait existé une Artémis-chienne. Les divinités classiques qui ont hérité du culte du chien sont Hécate, Hadès et Asclépios; je nie qu'Artémis soit du nombre.

Si Artémis est une biche, il en est de même de ses compagnes. Nous arrivons donc, par une série de déductions toutes logiques, à cette donnée primitive de la légende ou plutôt du rituel d'Actéon : *Un cerf sacré est déchiré et dévoré par des biches.* L'idée d'une vengeance exercée par les biches, d'une offense faite aux biches par le cerf, disparaît comme une explication rationaliste imaginée par une exégèse postérieure pour expliquer un usage sacrificiel. Les Grecs de l'époque classique, qui n'étaient pas seulement rationalistes, mais profondément imbus de l'idée de justice, de rétribution, ont très souvent allégué des explications de ce

signifiant « rivage » et encore au même mot pris dans le sens de « farine ». On n'y comprend rien.

1. Schreiber, *l. l.*, p. 608.

genre, par exemple lorsqu'ils ont dit que l'on sacrifiait le bouc à Dionysos pour le punir de ronger les feuilles de vigne, alors que, de toute évidence, le bouc n'est pas autre chose qu'un des ancêtres zoomorphiques de Dionysos, victime périodique d'un sacrifice de communion. L'histoire de la faute du bouc, destructeur des vignes, n'a pas plus de fondement que celle d'Actéon, rival à la chasse d'Artémis ou indiscret admirateur de sa beauté.

Nous avons dit que la grande Biche et les petites biches ne se contentent pas de déchirer le cerf, mais qu'elles le dévorent tout cru, le *sparagmos* étant inséparable de l'*omophagie*. Or, les biches ne sont pas carnivores ; il y a donc lieu de se demander ce que la légende primitive entendait par la grande Biche et ses compagnes et s'il s'agissait là véritablement de cervidés.

La réponse à cette question nous est naturellement fournie par tout un ensemble de faits rituels sur lesquels j'ai déjà souvent appelé l'attention. De même que les Bassarides qui déchirent Orphée sont des femmes thraces initiées au culte d'Orphée, qui se déguisent en renardes (*Bassareus* étant un des noms du renard) pour déchirer et dévorer le renard sacré (Orphée étant toujours vêtu de la peau de renard ou *alôpêkis*) — de même que les Ménades qui déchirent Penthée sont des femmes béotiennes, initiées au culte de Penthée, qui se couvrent de peaux de faons pour déchirer et dévorer un faon — de même, dans le mythe qui nous occupe, Artémis et ses nymphes sont des initiées au culte d'Actéon, qui se couvrent de peaux de biches et s'appellent des biches, pour déchirer et pour dévorer le cerf Actéon. Dans ce sacrifice de communion, qui est la forme primitive du sacrifice, le communiant ou la communiante, désireux de s'assimiler la substance et la force divine de l'animal sacré, commence par s'identifier à lui par une mascarade et une « prise de nom », afin de réaliser préalablement, dans la mesure de ses moyens, cette identification au dieu, ὁμοίωσις τῷ θεῷ, qui est le but ultime du sacrifice de communion et qui, sous une forme de plus en plus épurée et spirituelle, restera l'idéal religieux de l'humanité [1].

La mascarade et la « prise de nom » sont

1. Je rappelle, comme exemple, les *stigmates* de Saint François d'Assise et d'autres saints personnages qui, par une grâce particulière, ont été ainsi assimilés à Jésus.

encore attestées, à l'époque classique, par de nombreuses survivances ; ainsi les jeunes filles athéniennes, célébrant le culte d'Artémis Brauronia, la déesse *ursine*, s'habillent en ourses et s'appellent ourses, *arktoi ;* les fidèles de Dionysos se revêtent de peaux de chèvre ou de faon ; on trouve des prêtres ou des initiés qui s'appellent *chevaux*, *poulains*, *taureaux*, *abeilles*, etc. Ces faits ont déjà été plusieurs fois allégués ; j'y ai insisté moi-même et j'ai énuméré des cas analogues empruntés aux cultes des peuples arriérés de notre temps [1]. Mais personne, que je sache, n'a encore mis en lumière un exemple parfaitement avéré, un rite attesté tant par les monuments que par les extes, qui emprunte un intérêt capital au rôle qu'il paraît avoir joué dans les conceptions du christianisme primitif. Ce rite peut se formuler ainsi : des initiés, adorateurs d'un grand Poisson, s'appellent eux-mêmes Poissons et mangent solennellement le Poisson sacré.

V

Il existe en Mésopotamie, en Asie-Mineure et en Syrie des traces nombreuses d'un culte

1. *Cultes, Mythes et Religions*, t. I, p. 20 ; t. II, p. 101.

primitif du poisson[1]. On connaît des cylindres assyriens qui représentent un prêtre habillé de la dépouille d'un grand poisson, debout devant un autel sur lequel est placé un poisson[2]; c'est un exemple de mascarade rituelle. Atargatis-Derceto, déesse syrienne, est une déesse-poisson ; les fidèles, à Hiérapolis, s'abstiennent de manger du poisson. Lucien, qui nous donne ce renseignement, ajoute qu'on entretenait, dans le temple d'Hiérapolis, des poissons sacrés qui portaient des ornements en or, comme les anguilles de Zeus à Labranda en Carie. A Ascalon, il y avait un vivier contenant des poissons consacrés à Atargatis, qu'il était prescrit de nourrir, mais que les prêtres seuls avaient le droit de manger[3]. Une inscription de Smyrne fait connaître des poissons sacrés, auxquels il est défendu de toucher[4]; il y en avait aussi dans la fontaine d'Aréthuse en Sicile[5]. Les lois alimentaires des Hébreux interdisaient de manger di-

1. M. Pischel, indianiste, a récemment attribué à ce culte une origine indoue (cf. *Journal des Savants*, 1906, p. 176) ; c'est un retour à l'ancienne méthode d'exégèse, qui méconnait le caractère spontané et local des cultes d'animaux.

2. Ménant, *Glyptique*, t. II, p. 53.

3. Lucien, *Dea Syria*, 54 ; Mnaseas *ap.* Athen., VIII, 37.

4. S. Reinach, *Traité d'épigr. grecque*, p. 53.

5. Diodore, V, 3.

verses espèces de poissons qui, aux yeux des vieilles populations syriennes, étaient certainement des poissons sacrés. L'auteur de l'*Épître de Barnabé* (chap. 10) mentionne comme spécialement interdits les poissons dits poulpe et sépia [1]; or, le poulpe était sacré à Trézène et les habitants d'Halieis, colonie de Tirynthe, lui attribuaient un caractère de sainteté. On a pu supposer avec vraisemblance que l'hydre de Lerne, localité relevant de Tirynthe, n'était autre qu'un poulpe sacré, grandi par l'imagination des Grecs. Les représentations du poulpe et de la sépia sont extrêmement fréquentes dans l'art mycénien et, à une époque où il ne peut être question de l'art pour l'art, attestent la signification religieuse de ces poissons. Les Grecs d'Homère s'abstiennent de manger du poisson et l'expression de poisson sacré, ἱερὸς ἰχθύς, se rencontre, à titre de survivance, dans l'Iliade (XVI, 407). Les Égyptiens considéraient comme sacré l'oxyrhynque, qui a donné son nom à un nome, l'anguille et le *lepidotos*. Hygin [2] atteste, avec quelque exagération, que les Syriens regar-

1. Cf. Achelis, *Das Symbol des Fisches*, p. 6.
2. Hygin, *Astron.*, II, 41.

daient tous les poissons comme sacrés et s'abstenaient d'en manger; nous savons aussi par Xénophon que les poissons de la rivière Chalus, près d'Alep, étaient considérés comme divins [1]. Aujourd'hui encore, en Syrie, on entretient des poissons sacrés, en particulier dans des étangs qui dépendent des mosquées d'Édesse et de Tripoli [2]. Enfin, dans la Bible même, l'histoire de Jonas et celle de Tobie impliquent nettement la croyance à des poissons sacrés, ministres des desseins de l'Éternel.

Nous avons vu qu'à Hiéropolis le prêtre seul pouvait manger des poissons sacrés et qu'en Assyrie le prêtre se revêtait parfois de la dépouille d'un poisson. Ce ne sont là que des traits épars, mais dont la coïncidence avec les faits relatés plus haut permet de conclure à un culte du poisson où le fidèle, habillé en poisson et qualifié de poisson, mangeait le poisson en cérémonie. Or, ce vieux culte asiatique, auquel nous sommes conduits par une hypothèse, nous apparaît comme une réalité historique indiscutable au second siècle de l'Église chrétienne.

1. Xénoph., *Anab.*, I, 4, 9. Cf. l'article *Fish* dans l'*Encyclopedia biblica*, p. 1530.

2. *Ibid.*, d'après Sachau.

Ce que nous avons dit permet dès l'abord d'écarter une théorie moderne, qui n'est d'ailleurs alléguée par aucun Père de l'Église, suivant laquelle le culte du poisson, dans la primitive Église, s'expliquerait par le célèbre acrostiche ΙΧΘΥΣ (Ἰησοῦς Χριστὸς Θεοῦ υἱὸς σωτήρ). Cet acrostiche, comme l'a prouvé M. Mowat, a été imaginé à Alexandrie, sous l'influence des monnaies de Domitien frappées dans cette ville, avec la légende Αὐτοκράτωρ Καῖσαρ Θεοῦ υἱὸς Δομιτίανος[1]. Il a pu contribuer à propager parmi les chrétiens le culte de l'ΙΧΘΥΣ, identifié à celui du fondateur du christianisme, mais il est évident qu'il ne l'a pas créé, puisque ce culte existait depuis de longs siècles. De même, le fait que les gnostiques d'Alexandrie s'aperçurent que les lettres du nom du Nil, Νεῖλος, et celles du nom divin, Ἅγιον ὄνομα, valent 365, c'est-à-dire le nombre des jours de l'année, ne pourrait être raisonnablement allégué pour expliquer le culte du Dieu Nil ou celui du saint nom de Iao Sebaoth[2].

1. *Bulletin de la Société des Antiquaires*, 1898, p. 121.

2. Voir Perdrizet, *Revue des Études grecques*, t. XVII, p. 355. — En Italie, vers 1860, le nom de *Verdi* était devenu un signe de ralliement, parce que les lettres de ce mot sont les initiales de la

Or, nous possédons de nombreux témoignages, réunis et discutés par Pitra, De Rossi, Martigny, Achelis et d'autres, attestant que les chrétiens du IIe siècle se disaient des *poissons* et qu'ils qualifiaient le Christ de *grand Poisson*. Les auteurs chrétiens en donnent des raisons très différentes, preuve qu'ils en ignoraient la véritable [1]. « Nous sommes des petits poissons suivant notre Poisson Jésus-Christ, écrit Tertullien, parce que nous naissons dans l'eau et ne pouvons être sauvés qu'en restant dans l'eau [2]. » C'est l'explication par le baptême; les chrétiens, sortant des ondes baptismales, sont assimilés à des poissons. Mais, suivant d'autres écrivains ecclésiastiques, les chrétiens sont des poissons parce qu'ils voguent dans la mer qui est la vie du siècle, ou parce que les fidèles sont les poissons pris dans les filets de la pêche miraculeuse, ou parce que Jésus et les Apôtres ont été des pêcheurs d'âmes. Enfin, on allègue que les chrétiens sont des poissons parce qu'ils sont la

phrase *Vittorio Emmanuele re d'Italia ;* mais aucun historien n'a prétendu que le maëstro Verdi ait dû sa popularité à cet acrostiche !

1. Voir les textes dans Martigny, *Dictionnaire des Antiquités chrétiennes*, à l'article *Poisson*.

2. Tertullien, *De baptism.*, I.

descendance spirituelle du grand Poisson qui est Jésus, ἴχθυος οὐρανίου θεῖον γένος, comme dit l'auteur de l'inscription grecque d'Autun. Le témoignage de ce texte est confirmé par un correspondant de saint Jérôme ; parlant d'un certain Benosus, qui s'était retiré dans une île de Dalmatie, il dit que Benosus, fils du Poisson qui est le Christ et par suite poisson lui-même, a cherché naturellement un séjour au milieu des eaux, *aquosa petit*[1]. L'assimilation de Jésus à un grand Poisson, père spirituel des poissons fidèles, paraît asssi dans l'inscription d'Abercius à Hiérapolis en Phrygie. Sur ce point encore, les Pères et les écrivains postérieurs offrent des explications divergentes et embarrassées, sans jamais alléguer, comme motif de l'identification, l'accrostiche ΙΧΘΥΣ. Jésus est un poisson puisqu'il a daigné se cacher dans les eaux du genre humain et être pris au lacet de notre mort ; parce qu'il a apporté le salut, comme le poisson pêché par le jeune Tobie dans le Tigre ; parce qu'il s'est offert comme tribut pour le monde entier, alors que, sollicité de payer l'impôt, il a extrait le didrachme de la bouche d'un pois-

1. Hieron., *Epist.* 7. Achelis a vu justement que Jérôme, dans ce passage, cite les paroles de son correspondant.

son; parce qu'il s'est offert à sept de ses disciples, sur les bords du lac de Tibériade, sous les espèces de poissons frits et que lui-même, au temps de la Passion, fut rôti par la tribulation, *tribulatione assatus;* parce que, dans le désert, il a rassasié 5.000 personnes avec deux poissons, multipliés indéfiniment par la vertu de sa propre substance; parce qu'il a institué la régénération dans l'eau, le baptême, ou parce qu'il porte et conduit la barque de l'Église. Toutes ces explications ne valent évidemment rien et s'entre-détruisent; les auteurs chrétiens étaient en présence de faits rituels qu'ils ne comprenaient pas et luttaient vainement de subtilité pour en rendre compte.

Mais ce qui est particulièrement digne de remarque, c'est que le Poisson divin, ancêtre de ses fidèles qui se désignent d'après lui, sert également de nourriture sacramentelle à ses fidèles. « Manger le poisson, écrivait il y a longtemps l'abbé Martigny, signifie se nourrir de la chair du Christ. » Cela est attesté par des peintures des catacombes où un gros poisson symbolise le repas eucharistique[1] ; mais nous

1. Marucchi, *Éléments d'archéologie chrétienne*, t. I, p. 286.

avons aussi à ce sujet deux textes épigraphiques, dont l'antiquité et l'autorité sont incontestables. L'inscription de Pectorios d'Autun s'adresse à un chrétien qualifié de « descendance divine du poisson céleste » ; on y lit à la fin : « Prends la douce nourriture du sauveur des saints ; rassasie ta faim en tenant dans tes mains le poisson » (ἔσθιε πινάων ἰχθὺν ἔχων παλάμαις [1]). Il n'est pas question de la cuisson du poisson, à laquelle font allusion des textes postérieurs, par exemple le mot célèbre de S. Augustin : *Piscis assus, Christus passus*, et l'on a le droit de supposer que ce silence implique une omophagie. Cette conclusion semble ressortir aussi de l'inscription d'Abercius : « La Foi me montra partout ma route et me fournit partout ma nourriture : un poisson d'une fontaine, très grand et pur, que saisit une vierge chaste » (καὶ παρέθηκε τροφὴν πάντῃ ἰχθὺν ἀπὸ πηγῆς | Πανμεγέθη, καθαρὸν, ὃν ἐδράξατο παρθένος ἁγνή.) Évidemment, l'auteur parle par images [2], mais il fait allusion à un fait réel, connu de ses lecteurs asiatiques, à la capture rituelle d'un poisson d'eau douce

1. *Ibid.*, p. 294 (contesté à tort par Achelis.)

2. La « Vierge pure », dans la pensée du poète, peut être l'Église ou la Foi ; cf. Paton, *Rev. archéol.*, 1906.

élevé dans un étang sacré, exactement comme les poissons syriens dont parle Lucien [1]. C'est un très grand poisson, πανμεγεθής, comme il convient à celui qui sert de nourriture à tout un groupe de fidèles [2]; il ne peut être capturé, c'est à-dire retiré de l'eau que par une vierge sans tache. Ceux qui traduisent ὅν ἐδράξατο παρθένος ἁγνή par « le poisson qu'à porté la Vierge pure », en entendant par là la mère du Sauveur [3], font un contre-sens grossier sur la signification du verbe dont ἐδράξατο est l'aoriste; ce verbe ne peut signifier que « prendre » ou « saisir » et toute allusion à la Sainte Vierge est inadmissible. L'auteur de l'inscription indique seulement le rite de la pêche ou de la capture, et nous n'avons aucune raison de croire que ce rite ait été inventé par les chrétiens.

1. Comment des savants considérables peuvent voir dans ἀπὸ πηγῆς une allusion au baptême de Jésus dans le Jourdain, est une illusion que je ne parviens pas à m'expliquer.

2. *Piscis Magnus* dans Prosper d'Aquitaine, *De promissis*, II, 39.

3. Pératé, dans l'*Histoire de l'art*, dirigée par A. Michel, t. I, p. 37 : « Le Poisson tiré de l'unique fontaine, très grand et pur, qu'a porté la Vierge chaste. » Le mot *unique* n'est pas plus dans le grec que le mot *porté*. — L'idée du rite de capture a été justement reconnue par M. A. Dieterich, *Die Aberkiosinschrift*, p. 40; cf. Rauschen, *Florilegium patristicum*, III, p. 41.

Ainsi, dans l'Église du second siècle[1], nous trouvons, si l'on peut dire, à l'état complet le *schema* d'un culte sacrificiel : les fidèles prenant le nom de la victime et la mangeant, pour se sanctifier et s'identifier à elle. Il est inutile de fermer les yeux devant une évidence aussi manifeste, devant un ensemble de textes dont la précision ne laisse rien à désirer. Assurément, aucun homme raisonnable ne voudrait chercher l'origine du christianisme dans le culte sacrificiel du poisson ; mais ce culte existait en Syrie, il était bien antérieur au christianisme et il est sûr, de toute certitude historique, que nous l'y retrouvons, comme nous y trouvons aussi les survivances de deux autres cultes zoomorphiques, celui de la colombe — *Palaestino sacra columba Syro*, écrit Properce — et celui de l'agneau dont le nom désigne à la fois les fidèles et le Sauveur. Ce qui s'est produit dans le domaine des langues se constate avec non moins d'évidence dans celui des religions. De même que les langues romanes ne dérivent pas du latin de Cicéron ou de Sénèque, mais de celui de leurs fermiers et de leurs esclaves, la

1. L'inscription d'Autun est certainement postérieure, mais inspirée d'un texte plus ancien.

religion qui est devenue celle des nations dites romanes se rattache par mille liens non à celle des pontifes et des théologiens de la Rome impériale, non à celle des prêtres de Jérusalem ou d'Alexandrie, mais aux croyances obscures et d'autant plus vivaces des hommes simples, illettrés et de foi vive que pontifes et prêtres regardaient dédaigneusement ou qu'ils ignoraient. Quand une langue ou une religion commence à manifester son existence par des textes littéraires, elle a déjà derrière elle un long passé d'évolution et de syncrétisme, dans les couches profondes que la littérature n'éclaire pas.

Après Constantin et le triomphe de l'Église, on ne trouve plus le poisson comme image du Christ, mais seulement l'agneau ; le motif de cette simplification du symbolisme est peut-être que, dans les Évangiles, Jésus est bien qualifié d'agneau, mais non de poisson. Toutefois, un souvenir de la sainteté du poisson paraît s'être conservé dans l'usage de manger du poisson les jours d'abstinence, en particulier aux anniversaires hebdomadaires et annuels du sacrifice que commémore et renouvelle l'Eucharistie [1].

1. « Le jeûne... est une expression de la douleur de l'Église dans

Au commencement du Ve siècle, un texte de l'historien Socrate[1] prouve que c'était une habitude répandue, mais non générale, de substituer, à certains moments, le poisson aux viandes. « Quelques-uns, dit-il, mangent des oiseaux aussi bien que des poissons, parce qu'ils ont été pris des eaux selon le témoignage de Moïse. » C'est déjà une tentative d'explication savante qui, bien que souvent répétée depuis et accréditée dans l'Église, n'a évidemment été imaginée que pour expliquer l'usage et ne saurait en constituer le point de départ[2]. La distinction du *gras* et du *maigre* n'est fondée ni sur un principe scientifique, ni sur la tradition religieuse; ce n'est qu'une affaire de discipline ecclésiastique, qui varie d'ailleurs suivant les pays. Les versets de la Genèse sur la création n'y sont pour rien. Il est bien plus simple d'admettre que l'usage du poisson eucharistique

le temps qu'elle a perdu son Époux... L'affliction et le jeûne sont le caractère des jours où l'Église pleure la mort et l'absence de Jésus-Christ » (Bossuet, édition Gaume, t. X, p. 769).

1. Socrate, *Hist. Eccles.*, V, 22.

2. L'obligation religieuse de manger du poisson le vendredi est si bien antérieure au christianisme, qu'elle s'est conservée chez les juifs orthodoxes. Je lis dans un rapport récent sur les juifs de Galicie que les plus pauvres ne croient pas pouvoir se soustraire à ce devoir; au besoin, ils se contentent d'un unique goujon !

s'est maintenu à certains jours de l'année par suite des idées que ces jours éveillent et que les fidèles de notre temps suivent encore, sans comprendre pourquoi, l'exemple donné par Abercios d'Hiéropolis et par Pectorios d'Autun.

Après ce long *excursus*, que justifie peut-être l'importance exceptionnelle du sujet, revenons au mythe grec dont nous n'avons pas encore terminé l'explication.

VI

Le clan des femmes qui célébraient le culte d'Actéon se disaient et se croyaient, avant et pendant le sacrifice rituel, des biches ; le sacrifice consistait dans le déchirement et l'omophagie d'un grand cerf. Mais, dans tous les cultes de ce genre, après la mascarade, la « prise de nom » et l'orgie sanguinaire, il y a un troisième acte qui ne saurait manquer, comprenant les lamentations sur la victime, les honneurs rendus à ses restes, le deuil qui prélude à sa joyeuse résurrection. En effet, dans les cultes totémiques, la résurrection de la victime est certaine, puisqu'elle n'est pas un individu, mais le représentant d'une espèce ; on peut croire qu'il ne manquait pas de cerfs sur les collines boisées de la Béotie !

Les rites d'expiation et de deuil, après la mort de l'animal divin, nous sont surtout connus dans le culte d'Adonis à Byblos, où Adonis représente un sanglier ; mais j'ai montré qu'on en a trouvé des traces certaines dans ceux de Zagreus, d'Orphée et de Penthée[1]. Elles ne font pas non plus défaut dans le culte d'Actéon. Sa mère Autonoé, fille de Cadmos, recueille ses membres épars et leur donne la sépulture[2]; la ville d'Orchomène lui élève un tombeau et célèbre annuellement des rites funéraires en son honneur[3]; les cinquante chiens d'Actéon (lisez : les Ménades béotiennes) cherchent partout leur maître en poussant des hurlements et parviennent ainsi jusqu'à la caverne de Chiron qui les apaise en leur montrant une image du chasseur fabriquée par lui[4]. Cette image, c'est un nouvel Actéon, c'est Actéon ressuscité ; le centaure Chiron, habile chasseur, a pris un

1. *Cultes, Mythes et Religions*, t. II, p. 87, 88.

2. Nonnos, XLVI, 326. Voir cette scène sur un sarcophage du Louvre (Clarac, *Musée*, pl. 113; Froehner, *Sculpture antique du Louvre*, p. 129).

3. Pausanias, IV, 38, 5.

4. Apollodore, III, 4, 4.

nouveau dix-cors qui sera le protecteur du clan des biches avant de devenir, à son tour, leur aliment. Interprété ainsi, le texte d'Apollodore est d'un grand intérêt : il répond à ceux des écrivains grecs qui parlent du désespoir et des cris des femmes de Byblos après le sacrifice annuel du beau chasseur Adonis, au passage de Plutarque sur les femmes d'Orchomène, qui cherchent Dionysos après l'avoir sacrifié aux Agrionia[1]. Même à l'époque de Pausanias, alors que le sacrifice annuel du cerf est oublié, ou ne se célèbre plus qu'en secret, les Orchoméniens pleurent annuellement la mort d'Actéon, comme les Syriens pleurent la mort d'Adonis. Les hommes ne pleurent pas ainsi les victimes des dieux, mais leurs propres victimes ; si l'on a pleuré Actéon et Adonis, c'est qu'Adonis et Actéon, sous les espèces du sanglier et du cerf, ont été immolés par des hommes qui ont cherché et trouvé longtemps, dans leurs chairs pantelantes, un aliment de force et de sainteté.

Voici donc comment on pourrait restituer l'évolution du mythe : 1° un clan de femmes

1. Plutarque, *Quaest. Symp.*, VIII, 1.

en Béotie, ayant pour totem le cerf, se disent la grande Biche et les petites biches ; elles ont coutume de dépecer, de dévorer et de pleurer tous les ans un cerf ; 2° le panthéon grec se constitue et recueille les débris épars des cultes totémiques; la déesse Biche prend le nom d'Artémis; les femmes s'appellent désormais « Artémis et ses nymphes », comme les fidèles de Bacchus s'appellent *Bacchoi* et Bacchantes ; 3° le rite s'humanise et se transforme ; on sacrifie, dans le culte officiel, des biches à Artémis; mais le souvenir du sacrifice primitif de communion demeure et le rite lui-même se conserve peut-être dans les mystères, qu'on accusa Eschyle d'avoir révélé dans une pièce où paraissait précisément Actéon [1] ; 4° comme une époque civilisée ne peut admettre que la déesse et ses compagnes aient dépecé et dévoré un cerf, la légende fait intervenir à cet effet des chiens furieux; 5° pour justifier le supplice infligé au cerf, on raconte qu'un homme fut transformé en cerf pour avoir offensé Artémis ; 6° la légende se précise, s'embellit et l'on imagine différentes histoires, dont l'une d'un caractère galant et

1. C'est la tragédie intitulée Τοξοτίδες ; voir Nauck, *Fragm. trag. graec.*, p. 77-79.

badin, pour motiver la colère de la déesse contre le chasseur.

VII

Je n'ai pas encore abordé une question difficile, celle de l'étymologie du nom d'Actéon. Il faut d'abord écarter l'étymologie adoptée par le duc de Luynes d'après Fulgence[1] : ἀκταίων, « le rayonnant », d'abord parce qu'il n'existe pas de verbe ἀκταίω, puis parce que 'Ακταίων, au génitif 'Ακταίωνος, ne pouvait être à l'origine un participe[2]. Moins vraisemblable encore est le rapprochement institué par le danois Broensted entre Actéon et le mot ἀκτέανος, signifiant « pauvre », sous prétexte qu'Actéon, au dire des mythologues evheméristes de la basse antiquité, était un prodigue que la passion de la chasse avait ruiné. Lenormant et de Witte interprètent Actéon par le « grand possesseur » « celui qui enrichit », de ἀ augmentatif et de κταίων pour κτάων, participe présent de l'inusité κτάω, enrichir[3] ; cela n'a pas le sens commun. Otfried Müller et Vinet

1. Fulgence, *Mythol.*, I, 11 : *Actaeon splendens dicitur*. Un des chevaux du soleil s'appelait Actéon (cf. *Elite*, t. II, p. 329).

2. Le génitif d'un participe en -ων serait en -οντος.

3. *Elite céramogr.*, t. II, p. 327.

après lui ont rappelé l'épithète d'ἀκταῖος attribuée à Zeus, à Apollon et à Pan. Il semble, en effet, que le nom Ἀκταίων dérive du substantif ἀκτή ; mais ce dernier mot ne signifie pas seulement « rivage » et « promontoire » ; il désigne une « élévation », une « colline », et ce sens, qui est nettement indiqué dans un vers d'*Antigone* (1133), est peut-être la signification primitive, non pas, comme le veulent les lexiques, une acception dérivée. *Actéon* serait donc « le montagnard », celui qui fréquente les escarpements et les collines, épithète qui convient aussi bien à un chasseur qu'aux cervidés qu'il poursuit. Artémis chasseresse est dite « montagnarde » ὀρειβάτις, ὀρεῖτις, ὀρεία, κορυφαία[1], *montivaga*, de même que Pan, qualifié ailleurs d'ἀκταῖος, est dit ὀρεσσινόμος et *montivagus*[2].

Quoi qu'il en soit, d'ailleurs, de cette étymologie, l'idée que nous avons essayé de nous faire du rite d'où est sorti le mythe d'Actéon est indépendante de la confiance que peut inspirer l'explication de son nom. Comme le rite sauvage remonte à une époque

1. Schreiber, art. *Artemis* dans le *Lexicon* de Roscher, p. 563 ; Théod. Prodr., *Catom.*, 207 ; Stace, *Achill.*, I,450.
2. Nonnus, XXVII, 28 ; Nemesianus, III, 17.

extrêmement ancienne, antérieure à la naissance de l'anthropomorphisme grec, il y a toujours quelque témérité à interpréter le nom du héros par un vocable de la langue grecque classique. L'essentiel, c'est que les données éparses et contradictoires de la Fable nous permettent de restituer, avec une vraisemblance voisine de la certitude, l'état d'esprit et les mœurs des temps lointains où les éléments de cette fable ont pris naissance. Le caractère hypothétique de cette restitution paraîtra singulièrement atténué si l'on réfléchit qu'elle se fonde, d'une part, sur une analyse rigoureuse des données littéraires et, de l'autre, sur la connaissance de faits religieux analogues, attestés par des témoignages formels, soit à l'état de survivances dans l'antiquité classique elle-même, soit à l'état de réalités presque tangibles chez certaines tribus arriérées de notre temps[1].

1. Je fais allusion aux mascarades rituelles et aux « prises de nom », n'ignorant point que le type complet du sacrifice totémique ne se trouve pas, ou ne se trouve guère, chez les tribus totémistes modernes.

L'ÉGYPTE AU TEMPS DU TOTÉMISME

PAR

VICTOR LORET
Chargé du cours d'Égyptologie à l'Université de Lyon

I

Tout visiteur d'une collection d'antiquités égyptiennes est immédiatement frappé, dès ses premiers pas dans le musée et dès ses premiers regards, de la quantité inattendue de figurations animales au milieu desquelles il s'engage. A l'entrée, c'est un gigantesque sphinx de granit rose qui lui souhaite la bienvenue, bête étrange portant, sur le corps accroupi d'un lion, la tête pensive d'un pharaon. Plus loin, c'est une déesse assise, en pierre noire, et dont la tête, surmontée du disque solaire, est la tête d'une lionne. Puis, c'est un taureau, le célèbre Apis, sculpté dans le calcaire et présentant sur le front et sur le dos, en couleurs sombres, les taches caractéristiques qui servaient à le distinguer des taureaux du commun. Partout, sur les monuments les plus majestueux comme sur les objets les plus insignifiants, ce sont des inscriptions hiéroglyphiques dont les signes les plus fréquents représentent des oies, des hiboux, des faucons, des lièvres, des reptiles.

Sur les parois des sarcophages défilent d'innombrables rangées de personnages à tête d'ibis, à tête de crocodile, à tête de chat. Les vignettes bariolées qui décorent les papyrus funéraires montrent des hirondelles, des hérons, des oiseaux à tête humaine, un hippopotame debout tenant une torche, un grand chat bigarré tranchant férocement, à l'ombre d'un arbre sacré, le cou d'un serpent qui se tord et qui saigne. Et, quand il quitte le musée, le visiteur emporte avec lui, comme impression dominante, l'image d'une faune fantastique, d'une ménagerie terrifiante dont le souvenir le hante et l'obsède pendant longtemps.

Au déclin de la civilisation égyptienne, lorsque les Grecs et les Romains purent parcourir sans contrainte, de la mer à la cataracte, les rives verdoyantes du Nil, ce qui les remplit surtout du plus profond étonnement, ce fut le rôle important que jouaient les animaux dans la vie des Égyptiens. A Alexandrie, le voyageur, à peine débarqué, devenait le martyr des ibis qui pullulaient dans les rues étroites de la ville. Ces oiseaux, — utiles peut-être, dit Strabon, mais à coup sûr gênants, — se montraient d'une familiarité indiscrète et vorace, s'amassaient en foule aux alentours des boutiques de comestibles, interrompaient la circulation, s'empêtraient dans les jambes des promeneurs, et il était interdit de les écarter et de les malmener, sous peine d'ameuter la populace et d'y risquer sa vie, car l'ibis était un animal divin, consacré au dieu Thot.

Divins, tous les animaux l'étaient plus ou moins, par tout le pays. Le chat jouissait d'un tel prestige que, nous raconte Hérodote, lorsque survenait un incendie, on songeait tout d'abord à sauver les chats du logis, quitte à s'occuper ensuite des enfants et du mobilier, s'il en était temps encore. Diodore de Sicile assista au meurtre d'un soldat romain qui avait, sans y attacher grande importance, tué un chat dans quelque ville égyptienne. Quand mourait un de ces animaux, on le pleurait comme un membre de la famille, on le portait pieusement chez l'embaumeur, on lui faisait de somptueuses funérailles, et l'on se rasait les sourcils en signe de deuil. Pour un chien, on se rasait la tête, ainsi que tout le reste du corps. Lorsqu'un bœuf Apis venait à décéder, c'était une immense consternation dans l'Égypte entière. Ceux qui se chargeaient de le faire ensevelir y dépensaient des sommes considérables et, du temps de Diodore, l'enterrement d'un Apis revint à près de six cent mille francs (cent talents d'argent).

Dans l'intérieur des temples, les animaux sacrés étaient l'objet des soins les plus empressés. Les crocodiles du lac Mœris sortaient du sein des eaux quand des visiteurs les appelaient et, des anneaux d'or aux oreilles et des bracelets aux pattes de devant, venaient manger dans la main des gâteaux préparés à leur intention et boire, à même le flacon, quelques gorgées d'hydromel. On se livrait à des chasses spéciales afin de donner aux oiseaux de proie de la chair vivante à dévorer et Strabon contempla, dans le tabernacle du temple de Philæ, un faucon malade et près de sa fin, qui était célèbre à cause de sa vieillesse vénérable.

Lions, poissons, serpents, singes, béliers, boucs, musaraignes, tous les animaux étaient adorés en Égypte, les uns dans une ville, les autres dans une autre, et parfois les habitants de deux provinces voisines se livraient de sanglants combats parce que quelque animal sacré, franchissant la frontière commune, n'avait pas été suffisamment respecté chez ses nouveaux hôtes.

Naturellement, les voyageurs grecs et romains n'avaient rien de plus pressé que de demander aux Égyptiens la raison d'aussi étranges coutumes et, naturellement aussi, les Égyptiens se hâtaient de donner, de ces coutumes, non pas une, mais deux, trois, dix bonnes raisons.

Les uns racontaient que les dieux, vivant autrefois sur la terre, au milieu des hommes, étaient en butte, de la part de ceux-ci, à de si mauvais traitements que, pour y échapper, ils prirent la forme d'animaux variés dans lesquels il fut impossible de les reconnaître. Plus tard, devenus maîtres souverains et incontestés de l'univers, les dieux par gratitude consacrèrent les espèces d'animaux dont ils avaient revêtu la forme et ordonnèrent aux hommes de les adorer.

Selon d'autres, les plus anciens Égyptiens,

alors qu'ils vivaient en clans nomades, étaient souvent attaqués par leurs voisins et, faute de pouvoir s'organiser en commun pour la défense, étaient facilement vaincus et dépouillés de leurs biens. L'idée leur vint, à la suite de nombreuses défaites, de fixer, à l'extrémité de longues piques, des images d'animaux qui leur servirent de signes de ralliement pendant la bataille et leur permirent de résister victorieusement à leurs agresseurs. Dans la suite, ils vénérèrent ces images d'animaux et leur rendirent un culte divin.

D'après quelques-uns, on adorait les animaux à cause de leur utilité : la vache, parce qu'elle produit le bœuf qui laboure ; les brebis, parce que, outre leur laine qui fournit de chauds vêtements, elles donnent du lait et du fromage ; le chien, parce qu'il aide les chasseurs et garde fidèlement la maison ; le loup et le chacal, parce qu'ils ressemblent au chien. Le chat mange les rats et les souris, et protège ainsi les greniers ; l'ichneumon détruit les œufs des crocodiles ; l'ibis se nourrit de serpents, de sauterelles et de chenilles, espèces nuisibles ; le faucon tue les scorpions et les cérastes.

Plusieurs pensaient que, si leurs aïeux avaient institué le culte des animaux, c'était pour des raisons d'ordre alimentaire et économique. Les Égyptiens auraient pu être tentés, guidés par leur seule gourmandise, de se nourrir exclusivement de deux ou trois espèces particulièrement savoureuses, et ces espèces n'auraient pas tardé à disparaître complètement du pays, tandis que les espèces moins appréciées auraient foisonné de façon inquiétante. En obligeant tel nome à adorer tel animal et à s'abstenir de le manger, tel autre nome à choisir un autre animal et à respecter son existence, on était arrivé à établir un juste équilibre entre toutes les espèces culinaires qui, interdites dans certains nomes et autorisées dans certains autres, finissaient par se répartir également dans l'ensemble du territoire.

Enfin, certains racontaient que l'invention du culte des animaux avait été le fait d'un très ancien roi, doué d'une prudence remarquable et, comme on le verra, d'une indiscutable diplomatie. Souvent, ses sujets se révoltaient contre lui et ne s'entendaient que trop bien ensemble pour soutenir leurs revendications. Lui, plein de ruse, divisa le pays en un grand nombre de districts et donna à chacun de ces districts un animal spécial à adorer. Dès lors, les choses changèrent. Les adorateurs du lion méprisèrent profondément ceux qui adoraient le lièvre; les gens qui vénéraient le rat considérèrent comme des ennemis leurs voisins dont l'animal sacré était le chat. De la sorte, les Égyptiens ne purent plus jamais s'entendre pour fomenter des rébellions générales, et le roi vécut en paix. Diodore incline à ajouter quelque créance à cette explication parce qu'il remarqua que, de son temps encore, les habitants de nomes limitrophes se disputaient souvent à cause de leurs dieux animaux.

Il est facile de voir, devant tant d'explications fantaisistes et ingénieuses, que les Égyptiens de l'époque gréco-romaine ne se rendaient plus compte de la raison qui avait porté leurs ancêtres à diviniser les animaux. Et la chose se comprend aisément si l'on songe que quarante siècles au moins les séparaient des temps lointains où, sur les bords du Nil, on adora les animaux pour la première fois.

Mais, si certains esprits systématiques donnaient, comme on vient de le constater, des motifs d'ordre général à la vénération religieuse qu'inspiraient les animaux, d'autres, plus prudents, étudiaient chaque cas particulier et ne cherchaient pas à établir une théorie d'ensemble.

Ainsi, le bœuf Apis, image vivante d'Osiris, était, tout comme Osiris, en rapport avec la lune. Il était engendré par un rayon de lumière lunaire. Ses cornes rappelaient le croissant de l'astre et les marques noires et blanches qui marbraient son corps étaient semblables aux taches de la lune.

Anubis symbolisait l'horizon, qui sépare l'espace en deux parties égales, une partie visible, qui est au-dessus de la terre, et une partie invisible, qui est au-dessous. Aussi donnait-on à Anubis la figure d'un chien, parce que le chien voit pendant le jour aussi bien que pendant la nuit.

Le vautour était l'image de la déesse-mère parce que, dans le genre vautour, il n'y a pas de mâles, mais seulement des femelles, lesquelles propagent l'espèce en s'offrant aux caresses du vent du nord.

Le cynocéphale était consacré à Thot lunaire parce que, quand il y a éclipse de lune, cet animal n'y voit plus, ne mange plus, devient maussade et se cache la tête contre le sol, tout chagrin de ce qu'on lui ait ravi l'astre qu'il aime.

Le bélier était l'animal sacré d'Amon parce que celui-ci, ne voulant pas se montrer à Hérakles, et Hérakles insistant énergiquement pour le voir, Amon eut recours au stratagème suivant. Il dépouilla un bélier, en coupa la tête qu'il tint devant la sienne, se recouvrit le corps de la toison de la bête et se montra ainsi à Hérakles. Hérakles se déclara complètement satisfait et Amon fut, par la suite, toujours représenté avec une tête de bélier.

Si le faucon était consacré au dieu solaire Horus, c'est que, seul de tous les animaux, le faucon possède la faculté de regarder le soleil en face, sans jamais cligner des yeux.

L'ibis représentait Thot, dieu des sciences exactes, parce que, lorsque l'ibis écarte ses pattes et pique la terre de la pointe de son bec, il laisse sur le sol trois empreintes qui, jointes par trois lignes droites, forment un triangle équilatéral. Et cela est évidemment, de la part de l'ibis, l'indice de sérieuses aptitudes mathématiques.

On pourrait allonger presque indéfiniment la

liste et montrer par là combien les Égyptiens étaient peu embarrassés pour répondre lorsqu'on leur demandait pourquoi tel animal était mis en rapport avec telle divinité. Au déclin de la civilisation égyptienne, les dieux en étaient arrivés à symboliser tant de choses variées, à se mêler et à se confondre tellement, à se trouver englobés dans tant de mythes compliqués et abondants en péripéties, qu'il était toujours possible, avec tant soit peu d'ingéniosité, de trouver quelque point de contact entre tout animal et tout être divin. D'autre part, les connaissances zoologiques de l'époque étaient extrêmement superficielles et l'on enregistrait sans la moindre hésitation toutes les légendes les plus saugrenues qui couraient le monde au sujet des mœurs et coutumes des animaux. Elien et Horapollon racontent, sur les animaux égyptiens, les choses les plus extravagantes. On conçoit combien de telles notions sur le panthéon et sur la faune d'Égypte contribuaient à faciliter les explications que recherchaient curieusement les voyageurs gréco-romains.

Il est bien évident qu'il n'y a pour nous rien à tirer de l'interprétation que donnaient, de leur religion tombant de vieillesse, des gens qui étaient dans l'ignorance la plus complète du passé et des origines de leurs croyances et qui ne pouvaient que remplacer, par des assertions plus ou moins fantasques, la documentation historique qui leur faisait absolument défaut.

Ce que les auteurs classiques n'ont pas réussi à nous faire comprendre à notre satisfaction, est-il possible, maintenant que l'on peut lire les hiéroglyphes et que l'on possède de très nombreux matériaux originaux sur la religion égyptienne, de l'étudier de près et d'en tirer des données précises ? Malheureusement, non. Le culte des animaux était, chez les Égyptiens, une chose tellement ancienne, tellement répandue, tellement naturelle, que jamais les rédacteurs de textes religieux n'ont songé qu'il pût être utile d'aller au fond des choses et d'expliquer pourquoi tel dieu était figuré sous les traits de tel animal. Tout ce que nous pouvons constater par les inscriptions et par les représentations, c'est que les voyageurs antiques n'ont rien exagéré en ce qui concerne l'importance du rôle que jouaient les animaux dans la religion égyptienne. Il est bien certain que, de tout temps, Anubis a porté une tête de chien et a eu le chien comme animal sacré. Que pareil rapport ait existé, dès les plus anciennes époques, entre Horus et le faucon, entre Amon et le bélier, entre Seth et le lévrier, entre Keb et la sarcelle, entre Nakhbit et le vautour, entre Ouadjit et l'aspic, c'est là un fait que des centaines de documents mettent hors de toute contestation. Quant à savoir la raison et l'origine de cette relation constante entre dieux et animaux, il faut bien avouer que, jusqu'à présent, on n'est pas parvenu à y réussir.

Ce n'est pas que plusieurs égyptologues ne se soient occupés de la question et n'aient cherché à découvrir le motif de ces croyances qui ont tant étonné les anciens et les modernes. Mais, faute de documents précis, on n'est guère arrivé à sortir du cercle d'explications que nous ont transmis les ouvrages grecs et latins.

Pour l'un, « on saisit encore le mouvement des idées qui déterminèrent le choix » de tel animal pour symboliser tel dieu. « Si, aux vieilles époques, Râ » — (le soleil) — « passe pour être un criquet, c'est qu'il vole haut dans les cieux comme ces nuées de sauterelles chassées du fond de l'Afrique, qui s'abattent soudain sur les champs et les ravagent. La plupart des dieux-Nil, Khnoumou, Osiris, Harshâfîtou, s'incarnent dans un bélier ou un bouc : la vigueur de ces mâles et leur furie génératrice ne les désignent-ils pas naturellement pour figurer le Nil, donneur de vie, et le débordement de ses eaux ? On conçoit aisément que le voisinage d'un marais ou d'un rapide encombré de rochers ait suggéré aux habitants du Fayoum ou d'Ombos la pensée que le crocodile était le dieu suprême... Si Sobkou est un crocodile, c'est qu'avant la création le dieu souverain plongeait inconscient dans l'eau ténébreuse ; il en sortit pour ordonner le monde, comme le crocodile sort du fleuve afin de déposer ses œufs sur la rive. »

Pour un autre, les animaux sacrés sont des sortes d'hiéroglyphes qui viennent marquer plus spécialement le caractère principal de la divinité. Il représentent le dieu ,mais en insistant sur une nuance particulière de la nature de ce dieu. C'est ainsi que le lion est tout désigné, à cause de sa force, pour symboliser un dieu dont l'attribut spécial est la force. Le taureau marque la force génératrice ; la vache, la faculté productive et nutritive. Le chat rappelle la lune par ses pupilles qui se contractent et se dilatent. Le chacal est choisi à cause de ses hurlements lugubres et de ses promenades nocturnes dans les cimetières; le lièvre, à cause de ses bonds et de son habitude de dormir les yeux ouverts; le héron doré, à cause de l'éclat de son plumage; le faucon ou l'épervier, à cause de leur vol élevé; le lézard, parce qu'on le rencontre en bandes nombreuses; la vipère *Haja* à cause de son regard fascinateur; la grenouille, parce qu'elle passe par diverses transformations qui, d'un animal incomplet et répugnant, finissent par faire un animal agréable à voir, et aussi parce qu'elle se répand abondamment par le pays; le scarabée, parce qu'il sort d'une larve, etc.

Enfin, un troisième estime que c'est afin d'avoir leurs dieux plus près d'eux, constamment sous leurs yeux, et de pouvoir les nourrir et les choyer, que les Égyptiens les incarnèrent sous la forme animale. Pharaon seul était le dieu-homme; les autres dieux se partagèrent le reste du monde zoologique. C'était à cause de caractères spéciaux que l'on choisissait tel animal plutôt que tel autre, et ces caractères étaient en rapport avec le dieu que l'on voulait représenter. Si l'on figurait parfois un dieu avec le corps d'un homme et la tête d'un animal, c'est qu'il eût été difficile de représenter un animal exécutant certains actes. Il eût été ridicule, par exemple, de dessiner un bélier embrassant le roi, ou un ibis lui posant une patte sur l'épaule. On se tirait d'affaire en n'empruntant à l'animal que la tête seule ; l'acte du dieu-animal devenait ainsi plus naturel et le tableau y gagnait en symétrie, car certains animaux, trop petits ou trop grands, eussent produit un étrange effet dans une scène d'ensemble.

Comme on le voit, les explications que nous donnent aujourd'hui les égyptologues du culte voué aux animaux ne diffèrent pas, dans le fond, des explications que donnaient, autrefois, à Hérodote ou à Strabon, les Égyptiens mal documentés des basses époques. C'est toujours la même manière de raisonner, de rechercher dans un caractère distinctif commun à un dieu et à un animal, la raison du rapport établi entre cet animal et ce dieu. Ces explications dénotent bien plus d'ingéniosité que de critique sévère. Ce sont, en effet, des assertions pures, des opinions personnelles, et non des notions tirées des textes égyptiens, qui, nous l'avons dit, sont absolument muets sur ces questions.

D'autre part, toutes ces explications ont pour point de départ une manière spéciale, tout-à-fait arbitraire, de présenter les choses.

Il semble, s'il faut en croire les théories que je viens de résumer, que les Égyptiens aient commencé par se figurer des dieux ayant chacun un caractère bien particulier, bien tranché, bien délimité. L'un aurait été le soleil, l'autre aurait symbolisé la puissance génésique, un troisième la vigilance, un quatrième la force créatrice. Puis, dans la suite, on aurait recherché quel animal pouvait le mieux être mis en rapport avec le soleil, avec la puissance génésique, avec la vigilance, avec la force créatrice, et l'on se serait arrêté au faucon, qui plane dans l'espace comme le soleil ; au taureau et au bélier, mâles actifs et infatigables ; au lièvre, qui ne dort jamais que d'un œil ; au scarabée, qui naît d'une larve inerte.

Ces rapprochements, en somme, n'ont qu'une importance relative et on peut les prendre pour ce qu'ils valent, mais, ce qui est plus grave, c'est ce fait que l'on admet, sans la moindre preuve et sans la moindre discussion, sans même songer qu'il y a là une question primordiale à résoudre, l'antériorité des dieux par rapport aux animaux divins. On trouve tout simple et tout naturel que les Égyptiens, ayant conçu d'abord un dieu Thot, spécialement adonné aux sciences exactes, aient ensuite consacré à ce dieu l'ibis, parce que cet oiseau avait découvert sans s'en douter le triangle équilatéral. La chose, en effet, est simple, et naturelle, et, de plus, tout-à-fait amusante et ingénieuse. Mais en résulte-t-il qu'elle soit exacte, puisqu'aucun texte, puisqu'aucun document n'en démontre l'exactitude ?

Si quelque contradicteur venait soutenir que les Égyptiens ont d'abord adoré l'ibis, puis que, trouvant à la longue ce culte trop matériel et trop grossier, ils ont ensuite tiré de cet oiseau un dieu à tête d'ibis auquel ils ont attribué comme caractère distinctif quelque particularité propre à l'animal qui lui avait donné naissance, quelle objection pourrait-on opposer à ce contradicteur ? Tout au plus pourrait-on lui réclamer des arguments. Mais il serait en droit d'en réclamer, de son côté, en faveur de l'opinion contraire à la sienne, et l'on serait bien en peine de lui en fournir.

En somme, la question de l'origine du culte des animaux en Égypte serait insoluble, si, dans ces dernières années, on n'avait découvert toute une série de monuments appartenant non seulement aux temps les plus lointains de l'histoire classique de l'Égypte, mais même à des époques préhistoriques dont rien ne faisait prévoir qu'on pût jamais les atteindre. On a ainsi gagné près d'un millier d'années dans le passé, et les innombrables documents archaïques que l'on a recueillis et publiés viennent jeter une telle lumière sur le caractère primitif des animaux sacrés, que l'on peut affirmer que la question se trouve désormais complètement résolue. Il résulte, en effet, de l'étude de ces documents, — je puis le dire de suite, — que ce ne sont pas les dieux qui ont précédé les animaux sacrés, comme on l'admettait gratuitement jusqu'ici, mais bien, au contraire, les animaux sacrés qui ont précédé les dieux. Il n'y a pas eu, à l'origine, un dieu Horus auquel on a plus tard consacré le faucon, pour telle ou telle raison ; il y a eu d'abord un faucon, adoré seulement en tant que faucon, puis ce faucon est devenu dans la suite le dieu Horus à tête de faucon.

II

Il y a une douzaine d'années que l'on vit pour la première fois sortir du sol égyptien des monuments d'un style tout particulier, tels qu'on n'en avait jamais rencontré de pareils jusqu'alors, et pour lesquels il fut impossible de trouver dans les collections d'antiquités égyptiennes des pièces de comparaison permettant de les classer et de leur assigner une date précise.

Ce furent d'abord, en 1893, plusieurs statues du dieu Min que découvrit M. Flinders Petrie dans les ruines de Coptos. La raideur anguleuse et la gaucherie enfantine de ces statues, l'étrangeté singulière des représentations gravées dont elles étaient couvertes, semblaient indiquer une date extrêmement ancienne. En outre, elles se trouvaient entourées de poteries d'un type tout spécial, dont on n'avait encore rencontré que de rares spécimens qu'il avait été impossible de dater.

Puis, les années suivantes, ce furent les importantes trouvailles de M. Amélineau à Abydos, de MM. Petrie et Quibell à Toukh et à Ballas, de M. de Morgan à Nagada. Des tombeaux royaux, des sépultures de particuliers présentèrent, par centaines, des statuettes, des stèles, des sceaux de jarres, des fragments de meubles. La plupart de ces objets portaient des inscriptions en caractères hiéroglyphiques dont la forme hésitante et inexpérimentée dénotait une écriture en son enfance. Un certain nombre de ces inscriptions furent publiées. Plusieurs savants les étudièrent et, bientôt, on y reconnut des noms de rois de la première dynastie, Miébis, Ousaphaïs, Sémempsès, et même Ménès, le premier des pharaons égyptiens.

Dès que, grâce à ces noms, on eut réussi à classer un certain nombre de monuments, il devint facile de déterminer l'âge relatif d'autres pièces qui ne portaient pas de légendes ou qui mentionnaient des rois inconnus. On put ainsi constater que les sépultures de Toukh et de Ballas appartenaient aux époques préhistoriques, que le tombeau de Nagada datait du règne de Ménès, et que la nécropole d'Abydos renfermait les restes de rois de la première et de la seconde dynastie.

Enfin, après les beaux travaux de MM. Quibell et Green à Hierakônpolis, les fouilles exécutées en 1901 à Beit-Khallaf par M. Garstang nous firent connaître les tombes de deux rois de la troisième dynastie, dont l'un, Noutir-kha, resta populaire pendant toute la durée de la civilisation égyptienne.

Une vingtaine de volumes nous ont livré, reproduits sur près d'un millier de planches, les principaux monuments découverts au cours de ces fouilles si fructueuses.

Des animaux sacrés sont très fréquemment représentés sur ces monuments ; quelques divinités en forme humaine y figurent même, mais seulement à partir de la fin de la seconde dynastie. C'est en examinant de près ces représentations archaïques que nous réussirons à préciser le rôle que jouaient les animaux sacrés aux époques primitives et à saisir les détails de l'évolution qui, de ces animaux sacrés, fit peu à peu les dieux anthropomorphes de l'époque classique.

La période à étudier tout d'abord est la période prédynastique, qui a précédé l'avènement de Ménès, le prétendu fondateur de la monarchie pharaonique. A cette époque, les habitants de la vallée du Nil ne faisaient pas encore usage de l'écriture. Les seuls monuments que nous ayons d'eux sont des tombeaux, qui ont été découverts en quantités considérables sur la rive occidentale du fleuve. Le mort y est ordinairement couché sur le flanc gauche, la tête au sud, les genoux ramenés à la

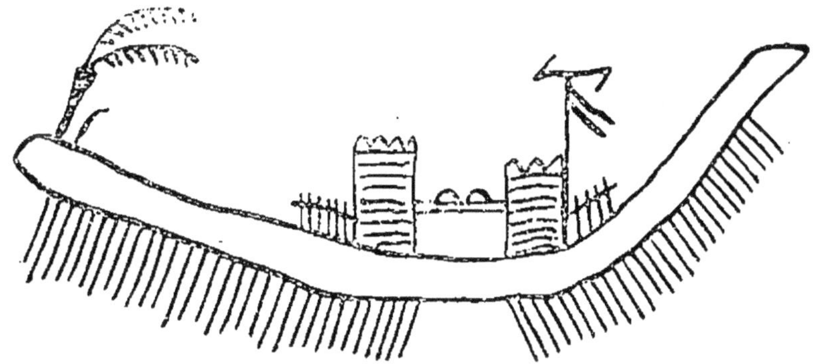

Fig. 1. — Représentation archaïque.

hauteur du sternum et les mains placées devant la figure. Comme ces tombes sont généralement creusées dans le sable, au bas de chemins naturels qui montent au plateau libyque, il est probable qu'en tournant la face des morts vers la Libye et en choisissant comme emplacement des nécropoles l'entrée des routes conduisant en Libye, on a voulu montrer par là que la patrie primitive de ces défunts, le séjour des ancêtres devenu le séjour des morts, se trouvait à l'ouest de l'Égypte.

Divers objets sont régulièrement déposés dans ces tombes prédynastiques et nous renseignent complètement sur les coutumes funéraires de l'époque. Parmi ces objets, une seule classe nous intéresse directement. Ce sont des vases en terre jaune, modelés à la main et non au tour, et ornés de représentations peintes en couleur rouge. Le motif le plus fréquemment figuré sur ces représentations est un objet (fig. 1) que l'on prend d'ordinaire pour un bateau, mais dans lequel je vois, — et quelques confrères partagent mon avis, — le dessin d'un village à porte fortifiée, édifié sur une élévation naturelle ou artificielle afin d'être mis ainsi à l'abri de l'inondation (fig. 2).

Ces représentations de villages ne diffèrent pas sensiblement les unes des autres. Seulement, le mât à banderoles qui s'élève sur la tour de droite n'est pas toujours surmonté du même objet. Il est même rare qu'un vase, où se trouvent parfois figurés trois et quatre villages, nous offre deux fois le même objet au sommet du mât. Il est bien évident que ces mâts sont des enseignes destinées à être vues de loin et à indiquer, soit le nom du village, soit l'insigne distinctif choisi par ses habitants, ce qui d'ailleurs revient au même.

Un certain nombre de ces enseignes prédynastiques (fig. 3) se retrouvent sur des monuments d'époque postérieure, et il est intéressant de voir ce qu'elles sont devenues alors. Quel-

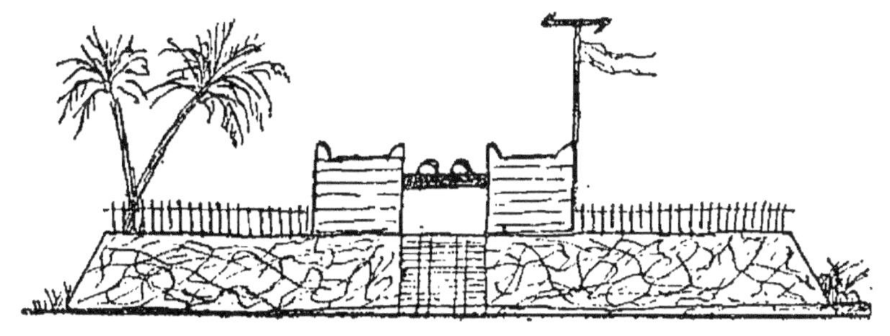

FIG. 2. — Interprétation de la fig. 1.

ques-unes restent simplement des noms de localités, comme par exemple l'éléphant d'Éléphantine. D'autres deviennent des insignes de nomes, divisions territoriales de l'Égypte pharaonique. Certaines deviennent des noms de divinités. Il en est même qui deviennent, tout à la fois, armoirie générale de nome, insigne spécial de la ville capitale du nome, et emblème de la divinité locale. Les deux piques croisées, par exemple, désignent, à une certaine époque, aussi bien la ville de Saïs et le nome saïte, que la déesse Neith, adorée surtout à Saïs.

Cette évolution des enseignes nous rappelle immédiatement l'une des théories relatives à l'origine des animaux sacrés, théorie d'après laquelle les Égyptiens auraient adoré comme dieux les animaux qui, à l'origine, leur avaient servi d'enseignes. En généralisant la théorie et en l'appliquant non seulement aux animaux mais encore à tous les objets susceptibles de servir d'enseignes, on constate qu'à l'époque prédynastique les dieux futurs ne sont encore que des emblèmes ethniques, que des insignes de collectivités, et qu'il est impossible de saisir en eux le moindre caractère religieux. Et, presque naturellement, nous songeons aux *totems*, si répandus encore de nos jours parmi les populations les plus sauvages du globe.

Le *totem*, en effet, est avant tout un attribut ethnique, la marque extérieure, l'insigne d'un clan ; le mot *totem* est même, s'il faut en croire les étymologistes, un nom commun, signifiant simplement « marque, signe distinctif » dans la langue des Indiens d'Amérique chez lesquels on observa pour la première fois le totémisme. Tel clan totémique, par exemple, a le loup pour emblème. Le loup est représenté sur tous les objets appartenant au clan ; il est peint ou tatoué sur la peau des membres du clan ; il est même sculpté sur bois et hissé au sommet de poteaux plantés en terre à l'entrée du campement où séjourne le clan, tout comme, dans les représentations des vases égyptiens prédynastiques, un insigne, fiché à l'extrémité d'un mât, sur-

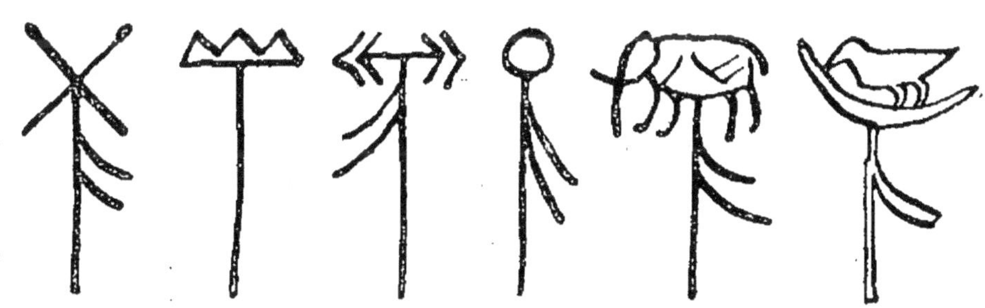

FIG. 3. — Enseignes prédynastiques.

monte l'une des tours flanquant la porte de chaque village.

Mais, dans les clans totémiques actuels, le totem ne se borne pas à être la marque distinctive de la collectivité. C'est aussi le nom visible, le nom matérialisé du clan. Le clan qui a choisi le loup pour emblème s'appelle le clan du Loup, et chacun des membres du clan se donne le nom de Loup. De là à se prendre pour de véritables loups à forme humaine, il n'y a qu'un pas, qu'ont franchi tous les groupements totémiques que l'on connaît. Tous, en effet, considèrent leur animal totémique comme un ancêtre, comme un frère, comme un parent, fait de la même substance qu'eux-mêmes. Les membres du clan du Loup estiment que tous les loups sont des membres de leur clan, et ils les traitent comme tels.

Nous n'avons trouvé jusqu'à présent en Égypte que l'insigne-nom, l'insigne attribut ethnique, tout au plus, — et cela n'est qu'hypothétique, — l'insigne protecteur du village. Nous allons constater, en passant de l'époque prédynastique à la période pharaonique, l'existence de l'insigne membre du clan et défenseur du clan.

Ménès est, dit-on, le fondateur de la monarchie égyptienne ; avant lui, l'Égypte était divisée en un certain nombre de groupements indépendants qu'il parvint à réunir sous son seul sceptre. Je ne crois pas que l'étude attentive des monuments contemporains de Ménès vienne ratifier cette assertion, que nous devons à des archéologues, — à des égyptologues, pourrait-on dire, — de l'époque de Séthôsis et de Ramsès. Le seul monument du temps de Ménès sur lequel soit écrit son nom nous enseigne, en effet, qu'il n'était roi que de la région qui s'étend d'Eileithyia (Elkab) à

Aphroditopolis (Idfa), [hieroglyph], et les monuments postérieurs nous montrent que l'Égypte ne fut réellement unifiée qu'à la fin de la IIe dynastie. Quoi qu'il en soit, il est certain que l'apparition du nom de Ménès dans les textes ouvre pour la civilisation égyptienne une ère toute nouvelle.

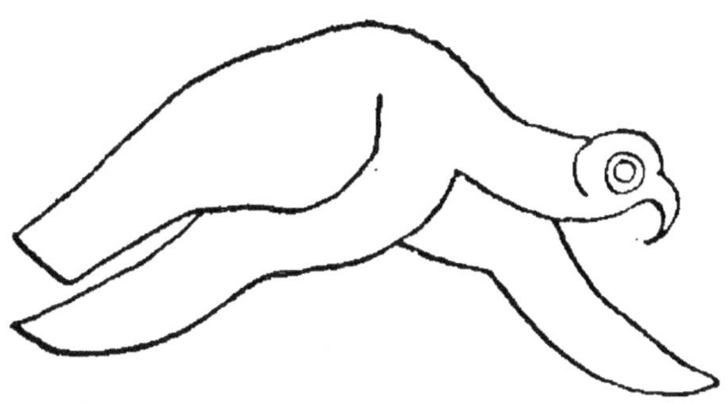

Fig. 4. — Le Faucon protecteur.

D'abord, l'écriture est inventée. Ensuite, de nombreux et solides monuments couvrent la surface du pays. Enfin, nous assistons à l'occupation progressive de l'Égypte par un peuple puissant venu, à travers la Somalie et l'Érythrée, des régions méridionales de l'Arabie. Ce furent, en effet, des Sémites qui créèrent l'Égypte pharaonique telle que nous la connaissons.

La légende nous a conservé le souvenir de cette invasion qui fut, nous disent les textes hiéroglyphiques, dirigée par le dieu Horus en personne. Aussi, pour désigner les époques les plus lointaines de leur histoire, les Égyptiens emploient-ils volontiers l'expression « du temps des Compagnons d'Horus ». En réalité, quand Horus pénétra dans la vallée du Nil, il n'était pas encore le dieu Horus, mais seulement l'oiseau *Haur* (faucon), le totem d'un clan. Ce clan du Faucon et ses trois alliés, — le clan du Chien noir, le clan de la Tresse de cheveux et le clan de l'Ibis, — constituent, historiquement, ce que les Égyptiens appelèrent plus tard les Compagnons d'Horus, c'est-à-dire les Compagnons du Faucon.

Ces Compagnons du Faucon, ces quatre clans alliés, nous les voyons à l'œuvre sur les monuments pharaoniques les plus anciens. Le chef de la quadruple alliance horienne est, naturellement, le chef du clan du Faucon, et le Faucon, en tant qu'animal totémique du clan principal, ne manque pas d'être très souvent figuré dans les représentations.

Tout d'abord, il est presque constamment représenté planant au-dessus de la tête du chef du clan du Faucon (fig. 4). Ce n'est pas là un insigne ethnique, bien évidemment, ni un nom, mais l'animal totémique lui-même qui vient protéger son propre clan dans la personne du chef, et qui se tient prêt à le défendre contre les attaques des ennemis communs.

Parfois, le Faucon totémique joue un rôle plus actif. Dans une scène où le chef des Horiens

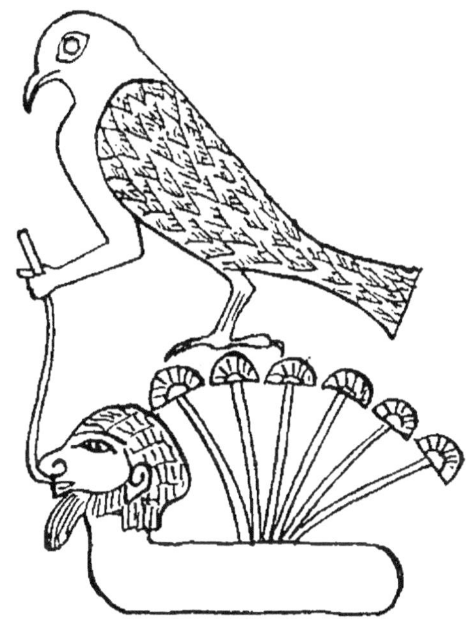

FIG. 5. — Le Faucon combattant.

est figuré vainqueur sur un champ de bataille, nous voyons le Faucon, vainqueur lui aussi, amener au roi 6000 prisonniers. La représentation est curieuse (fig. 5) par son caractère allégorique. L'oiseau est perché sur une touffe de six tiges, dont chacune sert à rendre le chiffre 1000. Une tête reliée au terrain d'où s'élèvent ces tiges est la tête de l'Ennemi : il s'agit donc de 6000 ennemis. Une corde, partant du nez de l'Ennemi, est tenue dans la main du Faucon, qui conduit ainsi, littéralement, 6000 prisonniers par le bout du nez. Si je parle de la main du Faucon, ce n'est pas par *lapsus linguæ* car, effectivement, pour bien montrer que le Faucon est un membre du clan, qui participe de la nature de l'homme autant que l'homme du clan participe de la nature du Faucon, les Égyptiens ont dessiné à l'oiseau une patte et une serre pour se percher sur la touffe de tiges, un bras et une main pour tenir solidement l'Ennemi.

Mais, si le Faucon totémique est presque un homme, le chef du clan, à son tour, est presque un oiseau. Toujours il est nommé « le Faucon ». Néanmoins, comme c'est là un nom qui, en somme, s'applique indistinctement à tout membre du clan, un second nom, tout personnel, suit le premier, qui est plutôt une désignation générique. C'est ainsi que le chef du clan du Faucon qui vivait à l'époque du roi Ménès portait le nom de, Aha, « le guerroyeur ». D'autre part, pour bien indiquer que cette appellation, « le Faucon guerroyeur », désignait le chef, et non un membre quelconque du clan, les Égyptiens ont imaginé de dessiner le nom personnel du chef à l'intérieur d'un signe qui représente, vu à la fois de face et en plan, le palais habité par le chef. L'ensemble, surmonté du

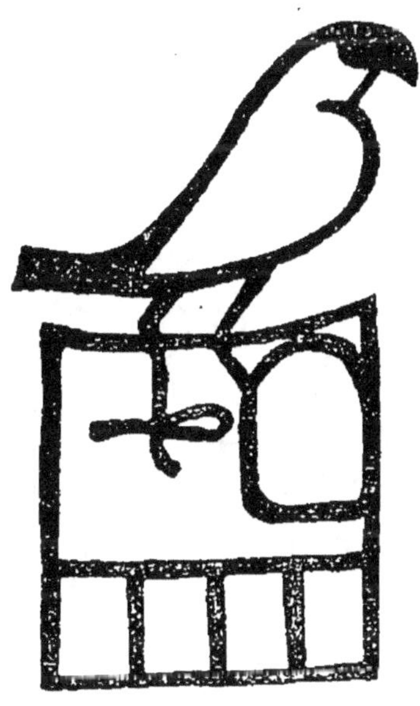

Fig. 6. — Le nom d'Aha.

Faucon du clan, s'offre à nous sous la forme suivante et le tout signifie : « le chef du clan du Faucon, Aha (le guerroyeur) ». Et, — ce qui montre bien la nature intime du lien qui unissait l'homme à son totem, — ce groupement est le plus souvent dessiné de telle sorte que c'est le Faucon lui-même qui tient la massue et le bouclier qui forment le nom du chef (fig. 6). Nous venons de voir un Faucon pourvu d'un bras ; ici, ce sont au contraire les deux bras humains du signe 𓂓 qui sont remplacés par les pattes de l'oiseau. Il est difficile de mieux marquer l'identité que les Égyptiens se figuraient exister entre l'homme et l'animal du clan. On connaît, écrits de la même manière, c'est-

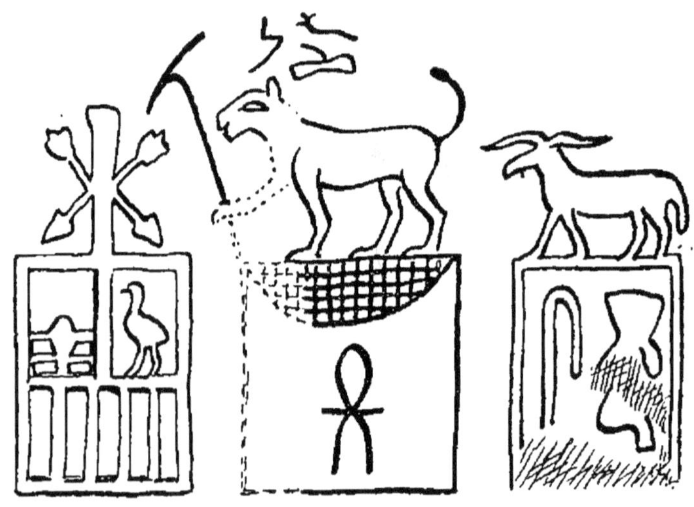

Fig. 7. — Noms de chefs de clans.

à-dire dans le plan d'un palais surmonté de l'image d'un totem, les noms de chefs du clan de Neith (piques en croix et bouclier), du clan de la Lionne, et du clan du Bélier (fig. 7).

Enfin, le Faucon apparaît encore, sous la forme d'un oiseau sculpté au sommet d'une enseigne. Cette enseigne est, parfois, l'enseigne personnelle du chef de clan, mais, le plus souvent, elle est l'enseigne générale du clan en son entier. Comme elle est très fréquemment accompagnée d'autres enseignes figurant d'autres clans, elle nous amène à examiner toute une série de scènes qui présentent le plus grand intérêt au point de vue historique.

Tout d'abord, le groupe le plus souvent

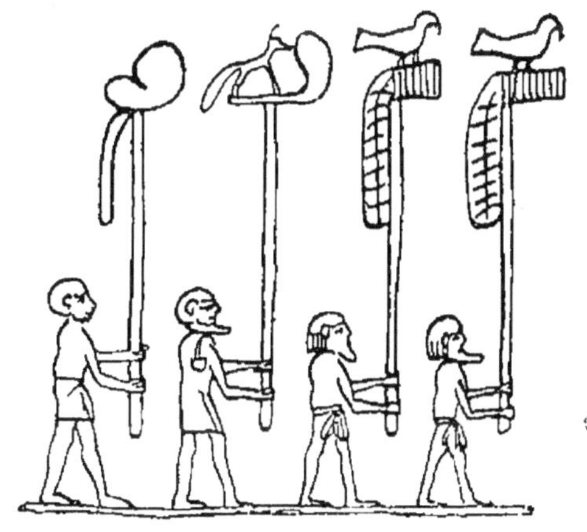

FIG. 8. — Enseignes horiennes.

représenté est celui des quatre enseignes horiennes (fig. 8), portées par quatre personnages qui, dans les occasions solennelles, font escorte au chef du clan du Faucon. On remarque que trois des porteurs d'enseigne sont pourvus d'une barbe, tandis que le porteur de l'enseigne de la Tresse de cheveux en est complètement dépourvu, ce qui s'explique par ce fait que, chez les Égyptiens, les enfants seuls portaient les cheveux en tresse. D'autre part, l'enseigne de l'Ibis n'apparaît pas encore au nombre des enseignes horiennes, et, par contre, l'enseigne du Faucon est figurée deux fois. Maïs le clan de l'Ibis nous est connu par d'autres monuments de même époque (fig. 12), il fait partie des clans amis d'Horus, et son introduction officielle parmi les Compagnons du Faucon ne tardera pas à devenir un fait accompli.

Les enseignes ennemies, celles des clans que combat la quadruple alliance horienne, sont très nombreuses et très variées, mais trois surtout sont intéressantes à signaler à cause de leur importance historique. Ce sont celles du Lévrier , du Vanneau , et de l'Arc .

Le totem du clan du Lévrier deviendra plus tard le dieu Seth. Nous connaissions de longue date, par les textes mythologiques, la terrible inimitié d'Horus contre Seth et les nombreuses batailles qui en résultèrent. Selon une habitude chère à bien des égyptologues, on s'était accoutumé à voir, dans le récit de ces combats, non pas le souvenir plus ou moins conscient de faits historiques, mais bien l'expression de je ne sais trop quelles idées symboliques relatives à la lutte du jour contre la nuit, du Nil contre le désert, du bien contre le mal. Les hiéroglyphes, semble-t-il, portent au mysticisme.

Cette prétendue lutte du bien contre le mal est, en réalité, la lutte de deux races qui, venues de loin, se disputèrent sur les bords mêmes du Nil la possession de l'Égypte, sous les yeux des plus anciens occupants, les Libyens prédynastiques, qui ne purent que se soumettre au vainqueur et le remercier de les avoir délivrés du vaincu. Le clan du Faucon, nous le savons, venait de l'Arabie et avait pénétré en Égypte par le sud. Le clan du Lévrier venait de la Syrie du nord et, très vraisemblablement, était entré en Égypte par le Delta. Le Lévrier séthien est, en effet, comme le montrent divers caractères zoologiques, un lévrier tout spécial; particulier aux régions montagneuses du nord de la Mésopotamie. D'après la légende, Osiris, assassiné par Seth, fut vengé par Horus. Osiris, le dieu de l'Occident, est évidemment un héritage plus ou moins direct de la vieille domination libyenne. Il est donc certain que l'invasion séthienne eut lieu avant l'invasion horienne.

Parmi les clans que nous voyons combattre aux côtés de Seth, le Vanneau et l'Arc se distinguent à tel point qu'ils deviennent le noyau de deux sous-groupements dont le souvenir s'est conservé pendant toute la durée de la civilisation pharaonique. Une fois vainqueurs, en effet, les pharaons horiens ont pris l'habitude de faire représenter, sur les marches mêmes de leur trône, des vanneaux et des arcs qu'ils avaient ainsi le plaisir de fouler aux pieds chaque jour.

Les anciennes inimitiés étaient depuis longtemps oubliées, que le Vanneau et l'Arc continuaient à jouir d'une très mauvaise réputation. Les « Neuf arcs », c'était le nom par lequel on désignait toujours, dans la suite, l'ensemble des ennemis de l'Égypte, quels qu'ils fussent, peut-être parce que le clan primitif de l'Arc était à la tête de huit autres clans. Quant au Vanneau, ce fut une joie pour Horus lui-même de porter, dans certaines villes, le titre de « l'Écraseur des Vanneaux »,.

Et pourtant, les choses s'étaient tassées, les haines s'étaient calmées, les trois races, osirienne, séthienne et horienne, vivaient en paix en Égypte et, — sous les noms de *Hamm-it* (Osiriens), *Rakh-it* (Séthiens) et *Pâ-it* (Horiens),

— constituaient officiellement à elles trois l'ensemble des , des « Hommes », c'est-à dire des Égyptiens. Naturellement, dans ces trois noms, les égyptologues-symbolistes n'ont vu que des choses mystiques et transcendantes. Ce sont, tout simplement, des termes ethniques, les noms des trois races

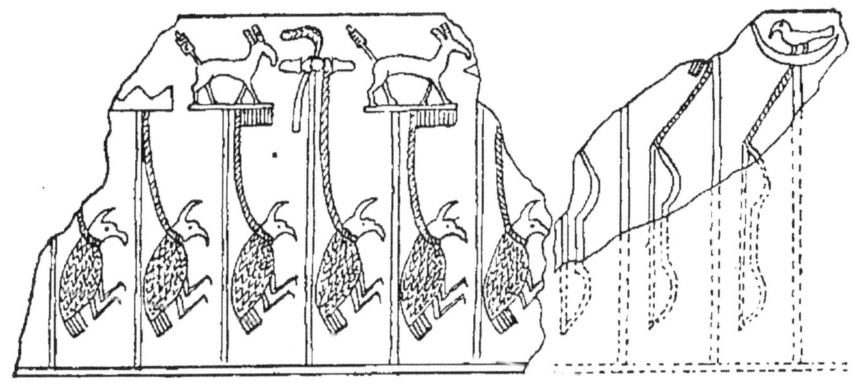

Fig. 9. — Les clans vaincus du Vanneau et de l'Arc.

dont le mélange forma l'essence du peuple égyptien d'époque pharaonique. Les anthropologistes, qui étudient en vain tant de crânes pour connaître l'origine du peuple égyptien, auraient peut-être avantage à se laisser guider par les idées qu'avaient les Égyptiens eux-mêmes sur leurs propres origines.

Un vieux chef horien vainquit les clans du Vanneau et les clans de l'Arc et, en souvenir de cette victoire, il fit graver sur la pierre d'une massue commémorative une scène dont on ne saurait trop regretter qu'elle nous soit parvenue incomplète (fig. 9). C'est la représentation de tout un trophée d'enseignes prises aux ennemis.

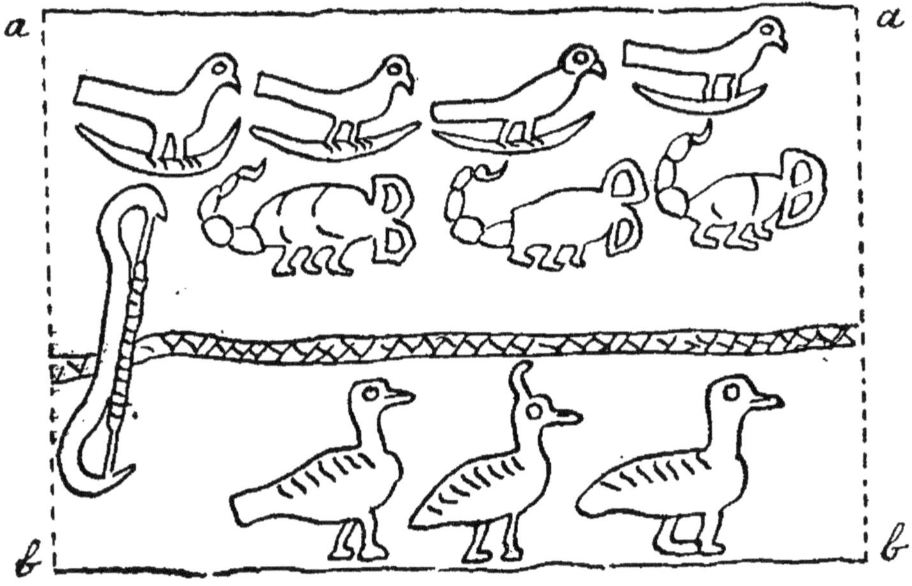

FIG. 10. — Groupe de clans séthiens.

Ces enseignes sont divisées en deux groupes, composés chacun de huit ou dix enseignes, à en juger d'après ce qui manque à la massue, dont on ne possède d'ailleurs pas encore une bonne publication. Aux unes est suspendu, à moitié étranglé, un Vanneau rageur qui lance ses griffes dans le vide ; aux autres est suspendu l'Arc. Si la massue nous était arrivée complète, nous posséderions probablement la liste des Neuf arcs primitifs ; nous devons nous contenter de n'en connaître qu'un seul clan, dont le totem (le Nid d'oiseau) devint un jour le dieu et l'insigne d'un des nomes de Haute-Égypte. Nous sommes mieux renseignés pour

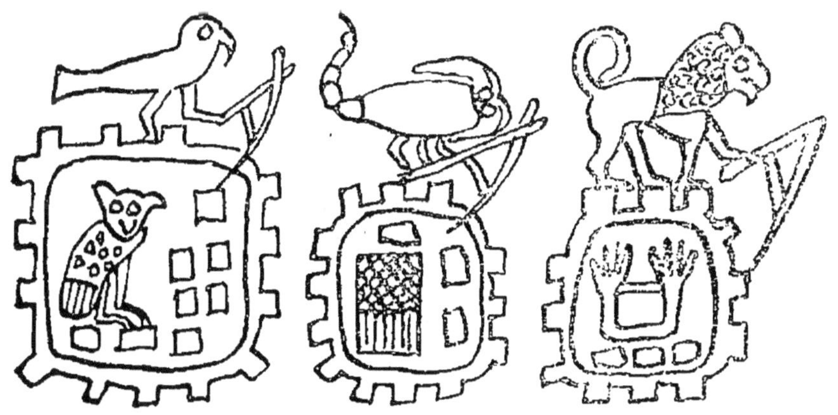

Fig. 11. — Bataille de clans.

les Vanneaux, dont nous sont révélés trois totems, [hiéroglyphe], [hiéroglyphe] et [hiéroglyphe], qui devinrent également dans la suite des dieux et des insignes de nomes.

Jusqu'à présent, nous avons vu les clans égyptiens représentés par leurs enseignes. Dans certains cas, on ne prend pas la peine de figurer l'enseigne, et le totem, à lui seul, sert à représenter le clan. C'est ainsi que sur un vase (fig. 10) sont gravés les différents totems d'un groupement séthien dont nous connaissions déjà trois clans, et dont les deux nouveaux, 𓅬 et 𓊈, deviendront plus tard le dieu Keb et la déesse Sarqit.

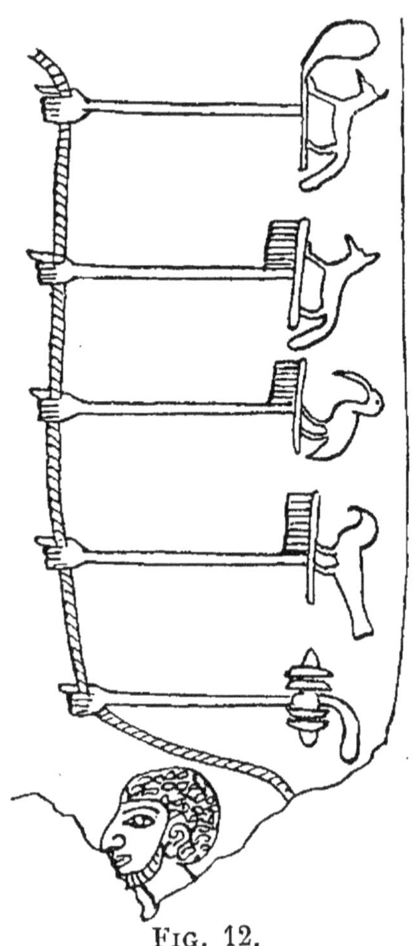

Fig. 12.
Prisonnier des clans horiens.

Sur une palette du Caire, nous voyons des animaux totémiques fort affairés à démolir les forteresses de leurs adversaires (fig. 11). A l'intérieur de chaque forteresse, au milieu de pierres tombées de la muraille sous le pic des assaillants, se trouvent des signes qui ne sont autre chose que les totems ennemis, c'est-à-dire les noms des forteresses saccagées. C'est là une page d'histoire, qui nous enseigne, en passant, que le clan du Scorpion, qui se trouvait tout à l'heure au rang des Séthiens (fig. 10), a varié dans ses opinions, puisqu'il combat ici aux côtés d'Horus, à moins que, vaincu par le Faucon, il n'ait fait de force partie de l'armée horienne.

Même défection, ou même changement de maître, dans la scène suivante (fig. 12), à propos du clan de Min, que nous avons rencontré déjà en compagnie des Séthiens (fig. 9) et qui se trouve à présent, à la suite de la quadruple alliance horienne, occupé à tirer la corde au bout de laquelle est attaché l'Ennemi, fait prisonnier.

Dans la scène précédente, des animaux totémiques détruisaient des forteresses au moyen du. Rien de symbolique dans cette représentation, puisque, pour les clans totémiques, le totem était un égal, un frère, un homme comme tous les membres du clan. Ici, au contraire, nous nous trouvons en présence d'une convention figurative bien évidente. Pour faire agir les enseignes qui, représentant des clans, sont en train de tenir une corde, on les a münies de

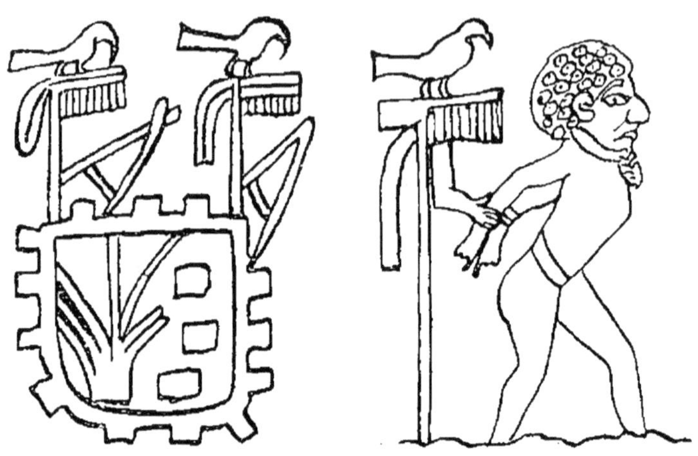

FIG. 13-14. — Clan horien au combat.

mains humaines. C'est donc l'enseigne qui exécute une action, et elle devient par là une sorte de personnage. Il en est de même dans les deux tableaux suivants (fig. 13-14), qui sont trop clairs pour que j'aie besoin de les commenter. Nous verrons bientôt à quels résultats importants a pu conduire cette idée, presque insignifiante en elle-même, de transformer par le dessin, l'enseigne en un personnage actif.

III

Si nous résumons maintenant ce que viennent de nous apprendre les monuments les plus vieux de l'Égypte sur le caractère primitif des animaux, dont la plupart étaient destinés à devenir dans la suite les principaux dieux du pays, nous devons déclarer sans hésitation que ces animaux, à l'origine, n'avaient absolument rien de divin ni de religieux. Dans quelque représentation que nous les observions, nous ne pouvons leur attribuer qu'un seul et unique caractère ; nous ne pouvons, dans toutes les scènes où ils figurent, leur reconnaître qu'un rôle unique et qu'un seul emploi : partout, ce sont des attributs ethniques, des noms de collectivités, des insignes de clans, des totems, en un mot, et rien d'autre.

Ceux qui font de la civilisation égyptienne, quarante fois centenaire, un minuscule bloc compact, qui ne tiennent aucun compte des lois de l'évolution historique et qui s'appuient volontiers sur un texte du temps de Cléopâtre pour expliquer un document de l'époque de

Ménès, estimeront peut-être que ces animaux sont tout simplement, comme sous les dynasties classiques, des animaux symboliques de divinités, lesquelles divinités, à leur tour, symbolisent les gens qui les adorent et les villes où se trouvent leurs temples. Je répondrai, tout d'abord, que rien, absolument rien ne le prouve, et que c'est là une assertion gratuite, une pure hypothèse totalement dénuée de base. Pour juger exactement ce que sont ces animaux archaïques, nous ne pouvons que les prendre tels qu'on nous les donne, sans y rien ajouter de notre cru. Or, on ne nous les présente que comme des signes ethniques.

D'autre part, s'il est vrai que beaucoup de signes ethniques des temps primitifs se retrouvent plus tard employés pour désigner des divinités, il en est un nombre plus grand encore qui sont toujours restés des signes ethniques et qui n'ont jamais joué aucun rôle religieux. Tels sont, pour ne citer que les principaux de ceux que nous venons de passer en revue, l'Éléphant, le Vanneau, l'Arc, qui, jusqu'à la fin de l'occupation romaine, ne servirent jamais qu'à désigner des gens ou des localités. Ces signes, immobilisés dès le début de leur évolution, nous indiquent bien clairement ce que fut le point de départ de l'évolution des autres, de même qu'un gland avorté en terre nous montre d'où est sorti le chêne voisin.

Nous devons donc, pour montrer comment les signes ethniques sont devenus des dieux, — et l'histoire de cette transformation est des plus intéressantes, — partir du moment où l'on a imaginé ces signes ethniques.

Il est vraisemblable que les premiers groupements humains de quelque importance éprouvèrent le besoin, précisément pour définir et maintenir ces groupements, de se choisir un signe quelconque de ralliement. Ces signes de ralliement furent évidemment, dans la plupart des cas, choisis plus ou moins au hasard. Si, dans la suite, on chercha à donner le motif du choix de tel signe plutôt que de tel autre, ce ne fut qu'une explication après coup, reposant sur quelque légende aimable ou ingénieuse, imaginée de toutes pièces. Aucune de ces légendes, en tout cas, ne nous est parvenue en ce qui concerne les signes de ralliement des premiers Égyptiens.

Le signe de ralliement, une fois adopté, ne change plus, et ce caractère de pérennité, que le temps ne fait que mettre de plus en plus en valeur, lui donne, aux yeux du clan, une signification qui ne fait que s'accroître et s'intentifier. L'insigne du clan, c'est le témoin des origines, le legs du temps passé, le souvenir des ancêtres ; c'est quelque chose comme l'âme permanente du clan. S'il rappelle des heures malheureuses, il raconte aussi les journées triomphales. Il est le lien qui unit étroitement les membres du clan et qui les rapproche à nouveau si quelque hasard les a séparés. Nul besoin de lui attribuer, à l'origine, un caractère religieux pour expliquer sa puissance. Il disait aux hommes de ces temps lointains ce que nous dit aujourd'hui le drapeau de la patrie.

Bien plus, l'insigne est un nom, un nom visible et tangible. Dessiner l'image du totem sur un objet, c'est en faire la propriété du clan. A ce titre, on peut dire que les représentations totémiques ont été, pour les Égyptiens, les premiers signes de leur écriture hiéroglyphique. Nous trouvons ces signes, en effet, figurés avec un sens très clair sur des monuments prédynastiques, d'époque libyenne, qui datent d'un temps où l'on ne connaissait pas encore l'écriture. L'écriture une fois inventée, ces signes, sans subir le moindre changement, ni dans leur forme ni dans leur signification, prirent simplement place à côté des autres et se maintinrent jusqu'aux derniers temps de la civilisation pharaonique. Même de nos jours encore, nous appelons

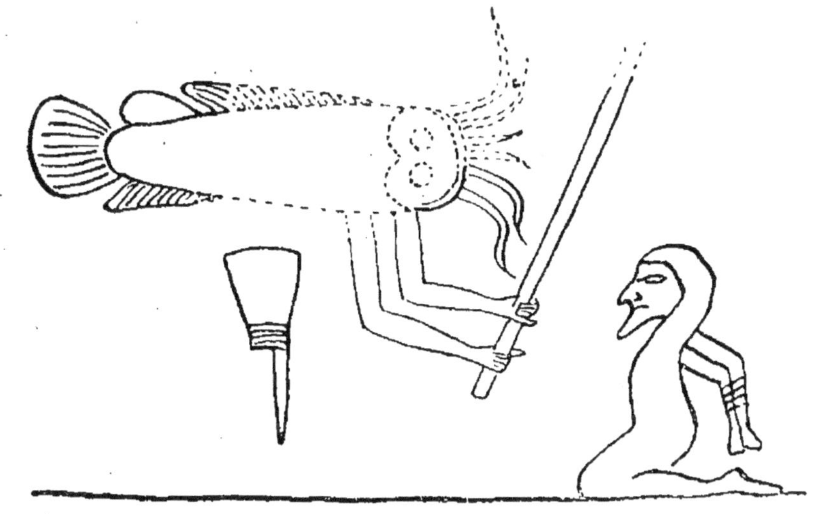

Fig. 15. — Nârmer massacrant un ennemi.

île d'Éléphantine un endroit dont les premiers habitants, il y a plus de soixante siècles, avaient choisi l'Éléphant comme insigne totémique (fig. 3).

On conçoit que, petit à petit, un lien de plus en plus intime se soit établi entre l'homme du clan et son totem. Comment les gens qui avaient choisi le loup pour emblème pouvaient-ils faire autrement que de respecter les loups réels, que de les considérer comme des amis, comme des frères, comme des membres du clan ? Eux, les gens du clan du Loup, s'appelaient les Loups, étaient des Loups ; les vrais loups n'étaient-ils pas des Loups, à plus forte raison ? De là cette idée d'identité, de consubstantialité absolue entre l'homme et son totem ; ils étaient, pour ainsi dire, comme un état allotropique l'un de l'autre.

Enfin, l'animal totémique, c'était le nom vivant des hommes qui l'avaient pris pour insigne. Entre l'être et son nom, les peuples primitifs faisaient peu de différence, et l'on voit pourquoi. L'homme et l'animal étaient comme un seul et même être dont le nom, commun aux deux, constituait entre eux une sorte de marque d'identité. La mort, dans les vieilles idées égyptiennes, était la dissociation entre l'homme et son nom. Le cadavre se conservait autant qu'on le pouvait ; le nom, lui, « sortait des chairs » et se maintenait durable. Gravé sur la pierre, il avait chance de ne pas périr, et les stèles funéraires ont eu au début, entre autres rôles, celui d'éterniser le nom du défunt, autrement dit le défunt lui-même. L'idée que le nom « sort des chairs » et qu'il « vit » n'a donc, on le voit, rien de métaphorique ni de symbolique, puisque le nom, c'est le totem, l'essence même de l'être. Aussi comprenons-nous facilement pourquoi un des plus vieux chefs horiens, 𓆡𓌻 *Nârmer*, a eu la curieuse idée de faire représenter son propre nom en train de massacrer un ennemi (fig. 15) ; le nom *Nârmer*, c'est le roi Nârmer lui-même.

Cette identité complète entre l'être, son nom et son totem, les Égyptiens l'ont exprimée au moyen d'un mot, 𓂓 *Ka*, que l'on traduit d'ordinaire par «double». En fait, le *Ka* n'est pas exactement le double de l'individu. Le *Ka*, c'est sa substance même, c'est son nom vivant et impérissable, c'est son totem. Le *Ka* d'un personnage qui a le Faucon pour totem et qui par suite s'appelle « Faucon », c'est un faucon, c'est-à-dire le nom « Faucon » vivant. Aussi, même à des époques récentes, le mot désignant le *Ka* est-il écrit 𓂓𓏤𓍷, avec, comme déterminatif, le signe 𓍷 qui signifie « nom ».

C'est surtout dans le *Ka* royal qu'on peut étudier ce qu'était le *Ka* égyptien. Nous avons vu comment le pharaon, à l'époque où il n'était encore que chef du clan du Faucon, écrivait officiellement son nom (fig. 6). Il était, par exemple, «le Faucon *Aha*». Ce nom de *Aha*, il ne le possédait donc qu'en tant que «Faucon» ; c'était, par conséquent, en même temps le nom de son *Ka*, de son totem personnel. Aussi, voit-on souvent, aux plus anciennes époques, le nom

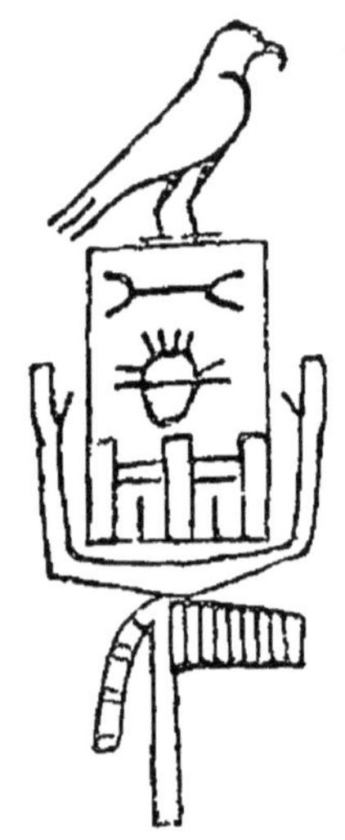

Fig. 16. — *Ka* royal.

du chef horien écrit à l'intérieur du signe 𓂓, qui sert à écrire le mot *Ka* (fig. 16).

Dans la suite, tous les rois d'Égypte, d'après une tradition jalousement maintenue jusqu'aux derniers temps de la monarchie pharaonique, se considèrent comme étant les descendants directs des premiers chefs horiens. Descendre des Horiens, des [hiéroglyphes], était en effet la preuve de la plus haute, de la plus noble extraction. Descendants du Faucon, les rois l'étaient par définition. Parmi les Égyptiens du commun, bien peu de ceux qui descendaient réellement du clan du Faucon purent conserver longtemps la pureté de leur sang à l'abri de mésalliances avec les Vanneaux séthiens, , ou avec les descendants des vieux Libyens, . Aussi, l'épithète , « qui fait partie des *Pâ-it*, des Horiens », — épithète dont on a jusqu'ici méconnu la signification exacte, — ne tarda-t-elle pas à cesser d'être au propre une indication réelle d'origine ethnique pour devenir un titre de noblesse, que le roi pouvait octroyer à son gré afin de se constituer un entourage de soit-disant Horiens.

Mais les pharaons, eux, se considéraient comme réels descendants du Faucon. Aussi inscrivirent-ils toujours, en tête de leur protocole, ce nom de Faucon, ce nom totémique qui marquait leurs droits à la succession horienne. Quand ils montaient sur le trône, ils devenaient chefs horiens par ce fait même et, en cette occasion, le Faucon ancestral descendait du ciel et venait s'incorporer, s'incarner dans la personne du roi, [hieroglyphs] (= ϩωрϫ, *se surajouter*) comme le dit expressément un texte du temple de Séthôsis à Abydos.

Le *Ka* du roi n'est donc pas un double. C'est un totem, c'est le Faucon, et si, le plus souvent, on le dessine sous forme humaine, tout en lui donnant d'ailleurs le nom de Faucon, c'est que ce totem, en effet, n'apparaît matériellement aux yeux des humains que par son incarnation sous la forme extérieure d'un homme.

Malgré le caractère très nettement totémique que nous venons de mettre en relief dans le rôle que jouait encore, aux époques classiques, le Faucon royal des anciens temps, il n'en est pas moins vrai que, depuis longtemps, le totémisme avait fait place en Égypte à d'autres croyances et ne subsistait plus, çà et là, qu'à l'état de survivance très affaiblie. Pour tous les Égyptiens, le Faucon n'était plus que le dieu Horus, fils d'Isis et d'Osiris, et on les eût probablement bien étonnés si on leur eût appris que son nom, *Haur*, signifiait « Faucon », et non « Ciel ou Soleil ailé » comme ils le pensaient. De même, l'Ibis, le Chien noir étaient devenus Thot et Anubis.

Il nous reste à montrer comment s'est effectuée la transition du totem au dieu. L'observation de deux faits bien caractéristiques nous prouve que c'est en passant par l'enseigne que le totem est devenu dieu.

1° Les plus vieilles divinités égyptiennes, celles qui forment l'essence la plus intime, qui constituent la couche la plus profonde de la mythologie, ont généralement, dès les plus anciens temps et pendant toute la durée de l'écriture hiéroglyphique, leurs noms écrits au moyen d'une figure placée sur le signe . Ce signe, qui sert de déterminatif figuratif au mot , *àa-it*, signifiant « enseigne », — et non « estrade » comme on l'a dit sans aucune espèce de raison, — représente indiscutablement la partie supérieure de l'enseigne, ou plus exactement une enseigne complète dont on a seulement écourté la hampe afin de la faire rentrer dans la hauteur des lignes de l'écriture. C'est ainsi que, pour la même raison, on a, dans les signes et , raccourci la hampe du roseau. Je signalerai seulement les principales de ces divinités, Horus, Anubis, Thot, Min, Khouns, Haou, dont les noms s'écrivent

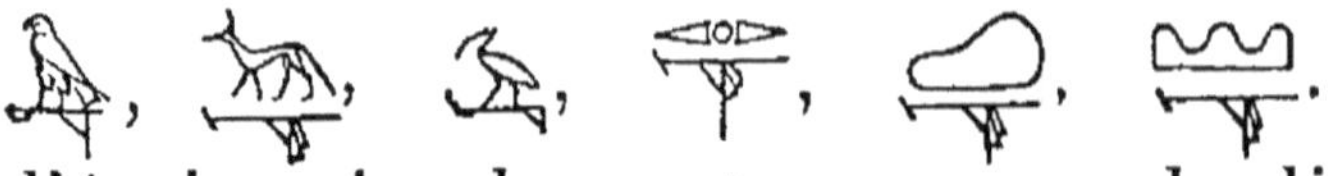

, , , , , . Si, au lieu d'écrire simplement ces noms de divinités sous la forme , , , — que l'on rencontre du reste parfois, mais pour quelques dieux seulement, par exception et par abréviation, — on a cru devoir se servir du signe 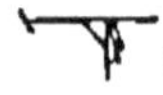 , il en faut conclure que c'est surtout le fait d'avoir servi d'enseignes qui a donné aux figures , , un caractère divin. On n'eût certainement pas, sans motif, compliqué l'écriture d'un signe inutile.

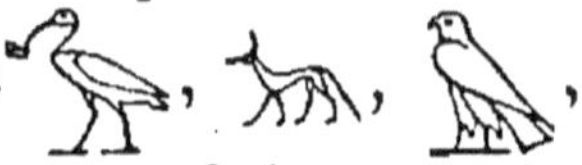

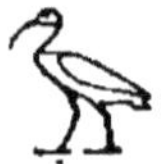

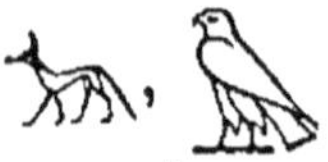

2° L'un des plus anciens signes qui signifient « dieu » est, non pas le Faucon seul, que l'on ne rencontre jamais dans ce sens, mais le Faucon sur son enseigne 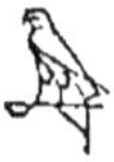 . Or, ce qui démontre bien que, dans cet emploi, c'est l'enseigne qui joue le principal rôle et non l'attribut placé sur l'enseigne, c'est que, dès les premiers temps de l'écriture, le signe 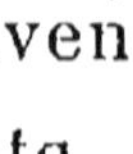 , dans le sens général de « dieu », est souvent remplacé par le signe 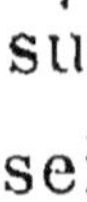 , qui le supplante définitivement dans la suite. Ce signe n'est autre chose que l'enseigne dépourvue de l'attribut qu'elle est destinée à supporter, comme on s'en rendra facilement compte en examinant la série suivante de représentations archaïques (fig. 17).

Si l'on a pu, quand signifie « Horus », abréger ce nom en , c'est que, dans ce cas, le Faucon joue le rôle principal dans la figuration , puisque c'est lui qui est devenu le dieu Horus. Mais si, par contre, quand , — ou mieux , — veut dire « dieu » en général, on l'abrège en , rejetant ainsi le Faucon

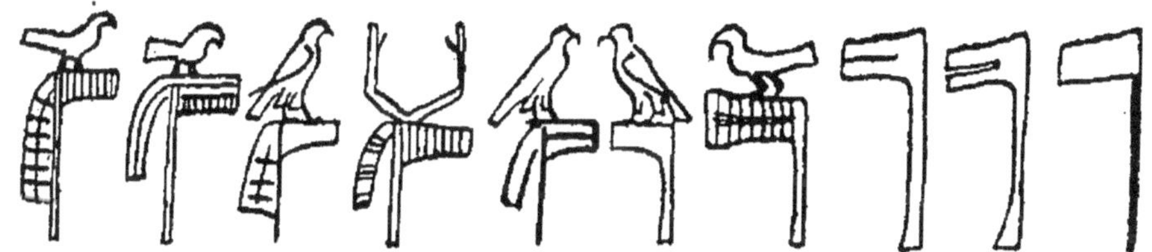

Fig. 17. — Quelques types d'enseignes archaïques.

comme inutile, c'est que, pour exprimer la notion de divinité, c'est l'enseigne elle-même, et non l'objet qu'elle supporte, que l'on tient à mettre en évidence.

Il est donc hors de doute que, avant de devenir des dieux, les signes ethniques ont dû servir d'enseignes et que c'est cet emploi particulier qui, petit à petit, a amené les Égyptiens à leur attribuer un caractère divin.

Nous pouvons même tracer une ligne de démarcation très nette entre le temps où les enseignes n'étaient que des enseignes, et celui où elles purent commencer à entrer dans la voie de la divinisation. Un dernier signe, en effet, sert à rendre en égyptien le mot « dieu ». Ce signe représente un homme assis, , pourvu de la longue barbe recourbée . Il n'y a, en Égypte, que les dieux qui soient représentés avec cette barbe particulière, ainsi que les rois, parce qu'ils sont les descendants du dieu Horus. Cette barbe est donc l'indice de la divinité. Or, c'est la barbe que portent également, sur les bas-reliefs, — et dans ce cas elle est complètement dépourvue de caractère divin, — les habitants des pays de Pount et de Ta-noutir, autrement dit la Somalie et l'Erythrée, c'est-à-dire précisément les régions d'où sont venus en Égypte Horus et les gens du clan du Faucon. Représenter un habitant de Pount pour écrire le mot « dieu » est bien la preuve que les Égyptiens n'ont eu des dieux qu'à partir de la venue d'Horus dans leur pays (ce que prouve également l'emploi, dans le sens de « dieu », du signe et de son abrégé). Il est donc bien évident que les enseignes archaïques, antérieures à l'invasion horienne, n'avaient encore rien de divin et n'étaient, comme je l'ai dit, que des signes ethniques.

Évolution morale de l'enseigne et tendance à revêtir un caractère divin, tels sont les faits que vient de démontrer l'examen des signes servant

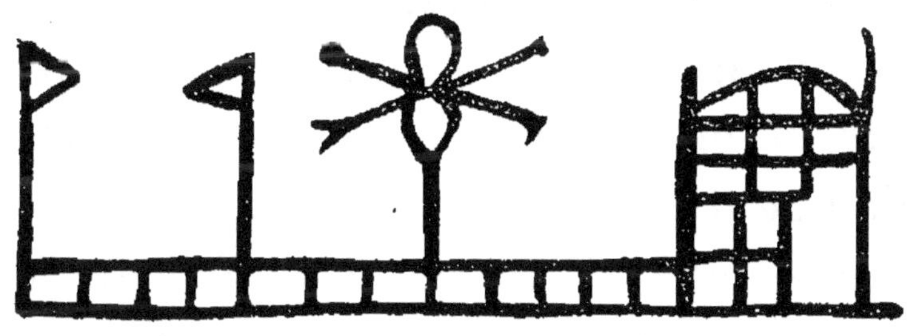

Fig. 18. — Edicule d'enseigne.

à écrire le mot « dieu ». Les faits une fois constatés, il est aisé, je crois, de les expliquer.

L'enseigne n'a été inventée, bien évidemment, que pour hisser l'attribut ethnique et le mettre à même d'être vu de plus loin ; aucune autre explication matérielle de la chose ne me paraît possible. Or, pourquoi hausser ainsi l'attribut ethnique et le présenter à la vue d'un plus grand nombre de gens, sinon, en temps de paix, afin de leur permettre de reconnaître plus facilement leur campement au milieu des campements voisins et, en temps de guerre, afin de faire de l'enseigne le lieu de ralliement, le point de concentration des forces de résistance? C'est là, très certainement, le seul rôle qu'ont joué les enseignes à l'origine, et c'est ainsi que nous devons interpréter les enseignes d'époque libyenne.

Mais, bien plus tard, quand l'insigne fut devenu totem et que le totem fut considéré comme un membre actif et dévoué du clan, ce ne fut plus seulement pour qu'il fût vu de loin, mais encore pour qu'il vît lui-même, qu'on le jucha au sommet de hautes tiges de roseau. Là-haut placé, il était comme une vigie attentive qui voyait le danger à temps et qui contribuait ainsi à protéger, à défendre le clan.

Le totem sur l'enseigne était donc le protecteur, le défenseur, et cela à un double titre : tout d'abord, comme instrument tactique et stratégique ; dans la suite, comme combattant énergique et vaillant. Être protégés, être défendus, n'est-ce pas, en somme, ce que les premiers humains ont surtout demandé à leurs dieux? Du jour où elle a été la protectrice du clan, l'enseigne a été bien près de devenir divine.

Dès les plus anciens âges pharaoniques, nous trouvons des preuves matérielles d'une sorte de culte, de vénération vouée à l'enseigne. Au temps de Ménès, nous voyons le chef horien Aha, — qui avait épousé [hiéroglyphe], *Neith-hotep*, princesse appartenant évidemment, à en juger par son nom, au clan des Piques en croix (ce

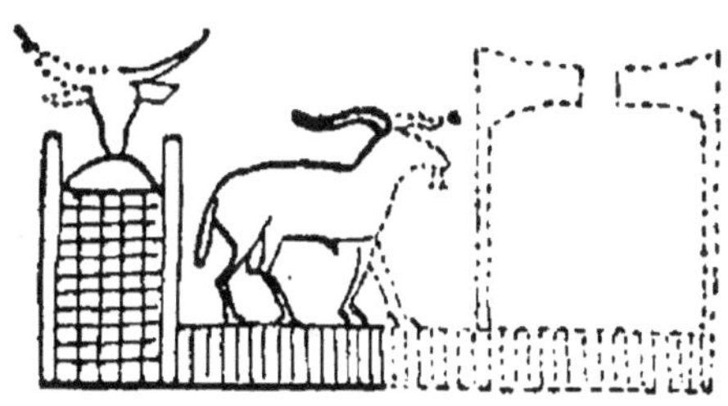

FIG. 19. — Edicule de totem.

qui, soit dit en passant, serait un indice d'exogamie), — élever en l'honneur de l'enseigne du clan de sa femme une sorte d'édicule dont une plaquette d'ivoire nous a conservé l'image (fig. 18).

Quelques règnes plus tard, un autre roi érige un édifice analogue en l'honneur, non plus d'une enseigne, mais d'un animal ethnique, le Bélier d'Héracléopolis (fig. 19). L'entrée des deux édifices, il faut le remarquer, est flanquée d'enseignes sans attributs ethniques, ce qui montre bien que c'est le caractère d'enseigne qui prédomine dans l'objet honoré d'un édicule particulier.

Il est difficile, pourtant, de décider si c'est simplement une enseigne et un totem qu'on vénère ici, ou si ce sont déjà des dieux que l'on loge en un sanctuaire. Entre le fait de déposer avec respect, en un lieu spécial, l'enseigne protectrice, et celui d'abriter dans un endroit sacré l'enseigne-dieu, la nuance est tellement imperceptible qu'elle suffit à nous montrer combien l'enseigne a pu facilement devenir dieu.

Mais les dieux réels, les dieux classiques ne commencent, pour les Égyptiens, que du jour où ces dieux revêtent l'apparence humaine. Or, cette transformation ne s'observe, pour la première fois, que vers la fin de la IIe dynastie. L'un des plus anciens dieux ainsi représentés est le dieu Seth, ou plutôt le dieu *Asch* (fig. 20), figuré, avec une tête de lévrier coiffée du , sur un monument datant du roi *Per-àb-sen*. Le mot , *asch*, qui accompagne ici le dieu, est un nom d'animal, le nom même du lévrier séthien, que l'on rencontre aussi sous la forme renversée , *scha*. Malgré sa forme humaine, c'est donc bien un animal que l'on a représenté, mais un animal devenu dieu.

Déjà nous avons relevé, sur les bas-reliefs

archaïques, des figurations d'animaux exerçant des actions humaines, saccageant des forteresses à coups de pic (fig. 11), fracassant la tête d'un ennemi au moyen d'une massue (fig. 15), tenant d'une patte un javelot et de l'autre un bouclier (fig. 6). Nous avons signalé un faucon muni d'un

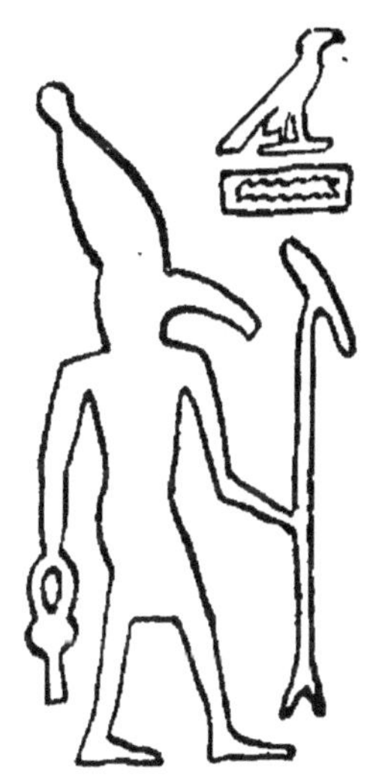

FIG. 20. — Le dieu Asch.

bras (fig. 5), un poisson pourvu de deux bras (fig. 15). Bien mieux, nous avons rencontré l'enseigne elle-même terminée par une main (fig. 12), démolissant des murailles (fig. 13). Nous l'avons même vue, grâce à l'adjonction d'un bras humain, empoignant vigoureusement un prisonnier (fig. 14). Comment nous étonner que, poussant la hardiesse et la logique jusqu'aux dernières conséquences, les Égyptiens aient fini par donner, à l'animal totémique devenu dieu, le corps entier d'un homme ?

La tête de l'animal était conservée, naturellement, puisque cette tête constituait la caractéristique originelle du dieu. Mais, à l'aide de bras, de jambes, à l'aide de tout son corps, le dieu pouvait, sous sa nouvelle forme, exercer sans exception la diversité des actions humaines. D'ailleurs, l'idée totémique, qui avait longtemps permis à l'homme de se considérer comme un animal d'apparence humaine, avait singulièrement facilité la conception anthropomorphique de l'animal-dieu. Sans compter que, pour l'Égyptien orthodoxe, même aux époques les plus récentes, Pharaon fut toujours un faucon autant qu'un homme.

Mais il est utile de faire remarquer, — et je ne saurais trop insister sur ce point, — qu'au début de son apparition sur les monuments, le dieu à tête d'animal est, à parler strictement, non pas un homme muni d'une tête d'animal, mais au contraire un animal pourvu d'un corps d'homme. Pratiquement, c'est évidemment la même chose ; théoriquement, la nuance est d'importance capitale.

Je tenais, en effet, — et j'espère y avoir réussi, — à montrer que, contrairement à l'opinion courante, ce sont les animaux qui ont donné naissance aux dieux, et non les dieux qui ont inspiré l'idée d'adorer les animaux.

D'ailleurs, les dieux égyptiens n'eurent jamais la moindre honte de cette humble origine. La plupart d'entre eux ne portèrent jamais d'autre nom que celui de l'animal auquel ils devaient leur existence. Je ne sais si *Anoup* (Anubis) n'est pas un vieux nom du chien noir, si *Khnoum* n'a pas désigné tout d'abord quelque espèce de bélier, si *Amoun* (dieu à tête de mouton persique) ne dérive pas du même radical que ἀμνός, si *Neith* n'a pas à l'origine signifié « pique » ou « flèche ». Mais, ce qui est certain, c'est que les divinités suivantes ont des noms d'animaux : *Asch* ou *Scha*, ancien nom de Seth, « lévrier d'Asie » ; *Haur* (Horus), « faucon » ; *Ouadj-it*, « serpent *haje* » ; *Nakhb-it*, « vautour » ; *Sarq-it*, « scorpion » ; *Gaib* (Keb), « sarcelle » ; *Ounn*, « lièvre » ; *Haq-it*, « grenouille » ; *Kheprà*, « scarabée » ; *Thouti* (Thot), « en forme d'ibis » ; *Har-schaf-it* (Arsaphès), « à tête de bélier ».

Ces vieux noms d'animaux, — tous datent en effet des origines mêmes de la langue égyptienne, — perdirent quelquefois leur sens primitif, disparurent de l'usage, furent confondus avec d'autres mots qui donnèrent lieu à des étymologies fallacieuses et à des spéculations étranges sur la nature et le rôle des dieux. Nous ne les en reconnaissons pas moins avec certitude, pénétrant ainsi jusqu'aux plus profondes racines de la religion égyptienne.

Il serait facile de poursuivre et de compléter l'histoire de cette curieuse évolution d'une religion dont nous venons d'étudier en détail l'origine et les premières transformations. On verrait les dieux garder définitivement la forme humaine, s'unir entre eux et constituer des groupements de plus en plus importants au fur et à mesure que les clans nomades se fixèrent sur le sol et s'allièrent en tribus. On verrait se former petit à petit le panthéon égyptien en même temps que se formait lentement le royaume d'Égypte. On verrait se créer les légendes mythiques, se différencier et se nuancer les diverses divinités qui, à l'origine, n'avaient qu'un seul caractère, commun à toutes, celui de désigner et de personnifier des collectivités humaines. On verrait le Faucon devenir Horus, dieu solaire et dieu du ciel; le Lévrier devenir Seth, dieu des déserts et des sables ; l'Ibis devenir Thot, dieu des mathématiques. On verrait enfin se modifier complètement le rôle des animaux divins qui, au lieu de rester les prototypes des dieux, finirent par être considérés, au contraire, comme des dérivations, des incarnations divines, comme des manifestations visibles, tangibles et vivantes de la divinité.

Mais je veux m'en tenir aux données nouvelles que nous ont révélées, sur le caractère initial des animaux sacrés, les monuments récemment découverts de la période préhistorique et des deux ou trois premières dynasties. Pendant de longs siècles, le culte intense que les Égyptiens rendirent aux animaux avait paru une chose étrange, ridicule, absurde, presque impossible à comprendre et à justifier. Je crois avoir clairement montré que ce culte, au contraire, fut une chose des plus simples, des plus naturelles, des plus logiques, et que les Égyptiens, en adorant les animaux, conservèrent fidèlement et honorèrent religieusement le souvenir de leur passé le plus lointain.

BIBLIOGRAPHIE ET RÉFÉRENCES

Un certain nombre d'auditeurs ayant bien voulu me demander dans quels livres ils trouveraient les représentations archaïques que je venais d'étudier devant eux, je me fais un plaisir de donner ici la liste des principales publications relatives aux monuments égyptiens préhistoriques et protodynastiques. Je me permets d'y ajouter les titres des quelques travaux que j'ai publiés récemment sur les questions soulevées par ces monuments. Enfin, ayant dessiné moi-même, tant bien que mal, les illustrations qui accompagnent les pages qu'on vient de lire, je crois devoir, par prudence, indiquer exactement les sources d'où je les ai tirées.

BIBLIOGRAPHIE

W. M. Flinders Petrie, *Koptos*, London, 1896.

W. M. Flinders Petrie and J. E. Quibell, *Nagada and Ballas*, London, 1896.

J. de Morgan, *Recherches sur les origines de l'Égypte*, 2 vol., Paris, 1896-1897.

C. TORR, *Sur quelques prétendus navires égyptiens* (*L'Anthropologie*, t. IX).

F. LEGGE, *The carved slates from Hieraconpolis and elsewhere; Another carved slate* (*Proceed. of the Soc. of Bibl. Archæol.*, t. XXII).

W. M. FLINDERS PETRIE, *The royal tombs of the first (earliest) dynasties*, 2 vol., London, 1900-1901.

J. E. QUIBELL and F. W. GREEN, *Hierakónpolis*, 2 vol., London, 1900-1902.

W. M. FLINDERS PETRIE, *Diospolis parva*, London, 1901.

J. GARSTANG, *Mahâsna and Bêt Khallâf*, London, 1902.

D. RANDALL-MACIVER and C. MACE, *El Amrah and Abydos*, London, 1902.

W. M. FLINDERS PETRIE, *Abydos*, 3 vol., London, 1902-1904.

J. CAPART, *Les débuts de l'art en Égypte*, Bruxelles, 1904.

J. GARSTANG, *Tombs of the third egyptian dynasty at Reqâqnah and Bêt Khallâf*, Westminster, 1904.

J. E. QUIBELL, *Archaic objects* (*Catal. général des antiquités égyptiennes du Musée du Caire*, *n*[os] *11001-12000 et 14001-14754)*, Le Caire, 1904-1905.

V. Loret, *Le mot* (*Revue égyptologique*, t. X), Paris, 1902.

— *Les enseignes militaires des tribus et les symboles hiéroglyphiques des divinités (Ibid.)*, Paris, 1902.

— *Horus-le-Faucon* (*Bulletin de l'Institut français d'archéologie orientale*, t. III), Le Caire, 1903.

— *Quelques idées sur la forme primitive de certaines religions égyptiennes, à propos de l'identification de l'hiéroglyphe servant à écrire le mot dieu* (*Rev. égyptol.*, t. XI), Paris, 1904.

— *Le dieu Seth et le roi Séthôsis* (*Proceed. of the Soc. of Bibl. Archæol.*, t. XXVIII), London, 1906.

RÉFÉRENCES DES FIGURES

Fig. 1. Petrie-Quibell, *Nagada and Ballas*, 67.
— 2. Interprétation de l'auteur.
— 3. V. Loret, *Quelq. idées*, fig. 7-23.
— 4. Quibell-Green, *Hierakônpolis*, I, 26 B.

Fig. 5. QUIBELL-GREEN, *Hierakônpolis*, I, 29.
— 6. PETRIE, *Abydos*, II, 4.
— 7. MORGAN, *Origines*, II, 169. PETRIE, *Royal tombs*, I, 7, 22; II, 7.
— 8. QUIBELL-GREEN, *Hierakônpolis*, I, 29.
— 9. *Ibid.*, I, 26 C.
— 10. *Ibid.*, I, 19.
— 11. MORGAN, *Origines*, II, pl. 3.
— 12. *Ibid.*, II, pl. 2.
— 13. *Ibid.*, II, pl. 3.
— 14. LEGGE, *Another carved slate.*
— 15. QUIBELL-GREEN, *Hierakônpolis*, I, 15.
— 16. MORGAN, *Origines*, II, 241.
— 17. V. LORET, *Quelques idées*, fig. 49-80.
— 18. PETRIE, *Royal tombs*, II, 10.
— 19. *Ibid.*, II, 7 (complété d'après Palerme).
— 20. *Ibid.*, II, 22.

LA COLLECTION LOUIS DE CLERCQ

Documents
sur l'Histoire des Religions dans l'Orient antique

PAR

E. POTTIER
Membre de l'Institut

Paris compte de nombreux collectionneurs. Nous devons nous en réjouir, car de même que la fortune d'un État ne se chiffre pas seulement par le budget du gouvernement, mais par la richesse des particuliers, de même les trésors scientifiques enfermés dans nos musées ne représentent qu'une partie de ce patrimoine précieux. Les collections particulières se groupent autour des collections publiques. Il arrive même qu'à un moment donné elles s'y incorporent.

L'exemple le plus éclatant est le Musée Guimet lui-même. Devenu musée public par la générosité de son fondateur, il est maintenant un des principaux laboratoires pour l'étude des religions. Sans prétendre à la même importance, la collection de Clercq est, comme le musée Guimet, presque tout entière consacrée à l'Orient et à l'histoire des religions orientales. Voilà pourquoi j'ai choisi ce sujet pour le traiter ici. Il fait partie, ce me semble, du cycle d'études de la maison.

I

Mon collègue M. E. Babelon a retracé dans un des derniers volumes de la *Collection de Clercq*, paru en 1905, la biographie de Louis de Clercq. C'est un de nos confrères de l'Institut, M. le marquis de Vogüé, qui détermina toute la carrière du futur collectionneur. En 1854, pendant sa belle exploration de la Syrie, il avait eu pour compagnon de voyage le comte Alexandre de Boisgelin, beau-frère de Louis de Clercq. C'est lui qui proposa à la famille et en particulier à la mère du jeune homme, alors très incertain de son avenir, de l'attacher à une mission scientifique qui allait partir pour l'Orient, celle de M. Guillaume Rey, dont le nom est cher aux conservateurs du Louvre, car il est un de ceux qui ont le plus enrichi les séries phéniciennes et chypriotes de notre musée. Les avis de M. de Vogüé furent écoutés, et en 1859, le jeune Louis de Clercq, âgé de 23 ans, partait pour Chypre et pour la Syrie.

A Beyrouth il fit la connaissance d'un homme qui devait devenir l'instigateur principal de son goût pour les collections orientales, Péretié, chancelier du consulat de France, l'homme le mieux au courant des fouilles pratiquées par les indigènes dans la région et qui avait déjà rendu les plus grands services au duc de Luynes. Mais le duc de Luynes, accablé par des chagrins domestiques, commençait à se désintéresser de ses collections. Il devait quelques années plus tard, en 1862, les donner en bloc au Cabinet des Médailles. Louis de Clercq apparut alors comme l'homme le plus capable de prendre la succession du duc de Luynes dans le rôle des riches amateurs. Il débuta par acheter l'ensemble des objets que Péretié avait déjà rassemblés. Ce fut le noyau d'une collection qui ne fit que s'accroître ensuite pendant plus de quarante ans, et pour laquelle M. de Clercq n'épargna rien, agissant par l'entremise de Péretié, puis faisant fouiller lui-même, ayant ses agents qui le renseignaient, arrêtant à Paris, dans le commerce des antiquités, tout ce qui venait de ces régions, tout ce qui intéressait les études chypriotes et phéniciennes, devenu en un mot un *spécialiste*.

Nous pouvons dire aujourd'hui, avec le recul des années, que ce jeune homme, guidé par des maîtres illustres, a eu le coup d'œil sûr et l'instinct d'une belle œuvre à accomplir. En 1859-60, s'occuper des antiquités orientales, c'était se singulariser. Tout le monde s'adonnait avec passion à la Grèce et aux antiquités classiques. Le duc de Luynes lui-même s'était illustré surtout en réunissant dans sa galerie une très belle collection de vases peints grecs, de terres cuites, de marbres, etc. Toutes ces considérations n'empêchèrent pas L. de Clercq d'accomplir son œuvre à lui, et nous sommes autorisés à croire que les conseils de notre illustre confrère le marquis de Vogüé, l'exemple de son compagnon de voyage M. Guillaume Rey, furent pour quelque chose dans sa résolution. Ajoutons qu'alors les travaux de M. de Saulcy avaient déjà attiré l'attention du monde savant du côté de la Palestine et que Renan préparait sa célèbre mission en Phénicie.

Telle est donc l'originalité, tel est le caractère particulier de cette collection, aujourd'hui installée luxueusement dans le bel hôtel de la rue Masseran, formée non pas d'objets achetés au hasard des ventes et suivant les caprices de la mode, mais composée d'antiquités recueillies en général sur place, dans une région définie, ayant par conséquent un intérêt historique et géographique précis. Là encore la méthode appliquée par L. de Clercq a été excellente et doit être recommandée. Nos musées eux-mêmes ont été trop longtemps la réunion hétéroclite d'objets de toutes provenances, et c'est assez récemment que dans des parties importantes de nos collections, nous avons pu faire triompher le classement géographique et en montrer les avantages.

Si plus tard M. de Clercq s'est départi de ce système en accueillant des terres cuites de Grèce, on peut dire que c'est à son corps défendant et sur les sollicitations pressantes et intéressées de certains marchands. Il n'eut d'ailleurs aucun lieu de s'en réjouir, et il reconnaissait plus tard, avec sa loyauté coutumière, que dans cette partie la fraude impure avait réussi à se glisser plus facilement.

Ce qui reste établi, à son honneur, c'e qu'en 1885 il avait constitué une collectio. *orientale* de premier ordre, comprenant des statues et statuettes, des bronzes, des inscriptions, des pierres gravées, telle qu'aucun autre particulier n'a jamais réussi à en montrer de pareille, et capable de rivaliser avec le: meilleures séries similaires des grands mu.ées Pendant longtemps la collection de Clercq fu pour les antiquités chypriotes, phéniciennes, chaldéennes, sans doute inférieure au musée Britannique, mais presque aussi riche que le Louvre et très supérieure au musée de Berlin.

C'était bien en France qu'une telle collection devait naître. Il n'est pas inutile de rappeler que la science des orientalist.s es avant tout une science française. Commen oublier que le monde entier doit à un français, J. Oppert, le déchiffrement des inscriptions cunéiformes? qu'autour de lui s'es groupée une pléiade de savants qui, dans la philologie ou dans l'archéologie, on fait de l'Orient sémitique leur domain particulier? Qu'il me suffise de rappeler le noms de Renan, François Lenormant, Ménant Amiaud, J. Derenbourg et, parmi les vivants, ceux

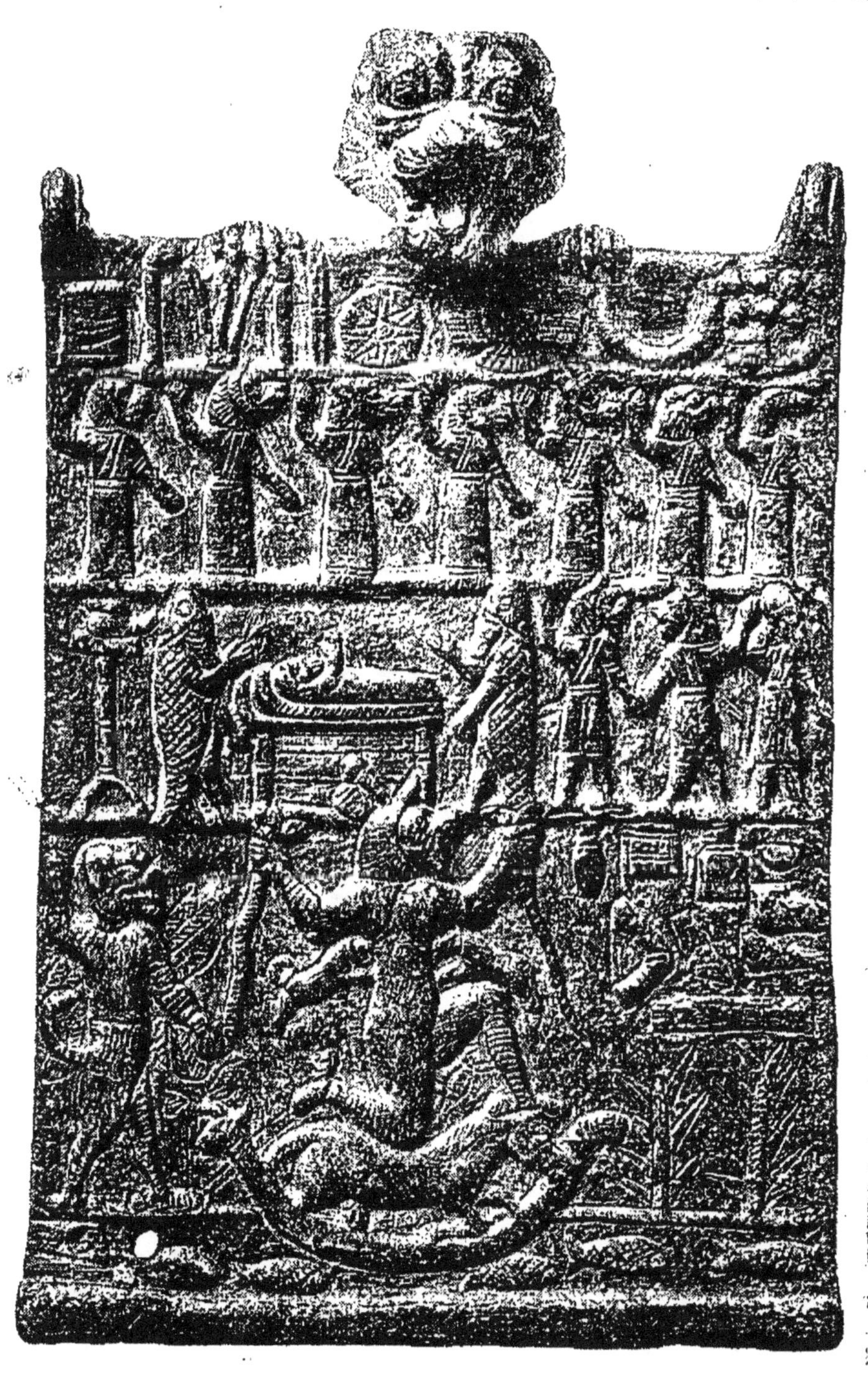

L'Enfer assyrien. — Plaque de bronze
(D'après la *Collection de Clercq*, II, pl. xxxiv)

du marquis de Vogüé, Heuzey, Maspero, Barbier de Meynard, Clermont-Ganneau, Philippe Berger, H. Derenbourg, Halévy, le P. Scheil et Thureau-Dangin, pour montrer que la tradition ne se perd pas et que cette science reste toujours bien vivante et bien française.

Et ce qui m'engage aujourd'hui à vous parler de ces choses, c'est qu'on voit se dessiner un grand mouvement qui tend à faire entrer les études orientales plus avant dans les mœurs et dans les habitudes du public instruit. L'exemple de Louis de Clercq a porté ses fruits. Je suis frappé, depuis plusieurs années, de voir beaucoup de collectionneurs se tourner du côté de l'Orient, comme si un monde nouveau se révélait à eux et comme si leurs yeux longtemps aveuglés par la lumière de la Grèce classique, s'éveillaient à la connaissance d'autres régions artistiques, d'autres sources de jouissances esthétiques, comme si leur horizon s'étendait et s'agrandissait tout à coup. Un amateur connu m'a raconté que le goût de l'Orient lui était venu en visitant en Italie le musée de Turin, qui contient une fort belle collection d'objets égyptiens. Ayant le loisir de visiter ce musée et de l'étudier, comme il ne l'avait jamais fait pour le Louvre, notre voyageur avait découvert là un immense et admirable domaine, dont la beauté lui avait jusqu'à présent échappé. Revenu à Paris, il *découvrit* le Louvre à son tour. Aujourd'hui c'est un égyptisant très convaincu.

Diverses causes ont d'ailleurs accéléré et étendu ce mouvement. La mode, qui est un directeur très impérieux de nos goûts, n'y est pas étrangère. Depuis que la saison anglaise, la *season*, se fait au Caire et en Égypte, plutôt qu'à Nice ou à Monaco, les mondains et les riches ont bien été obligés de prêter attention aux monuments qu'ils avaient sous les yeux. De tous côtés les croisières se sont multipliées. On va à Alger, à Tunis, à Tanger, à Chypre, à Beyrouth, à Damas, comme on allait autrefois en Italie. De là des goûts d'orientalisme, des préoccupations d'art qui n'existaient pas il y a vingt ans. C'est une curiosité universelle qui se manifeste à l'égard de cet Orient autrefois mystérieux et lointain, aujourd'hui plus près de nous, — trop près de nous peut-être, si l'on en croit les alarmistes — et plus redoutable, par conséquent plus intéressant encore à étudier et à connaître. L'ère est close des rêves où l'on s'endormait dans

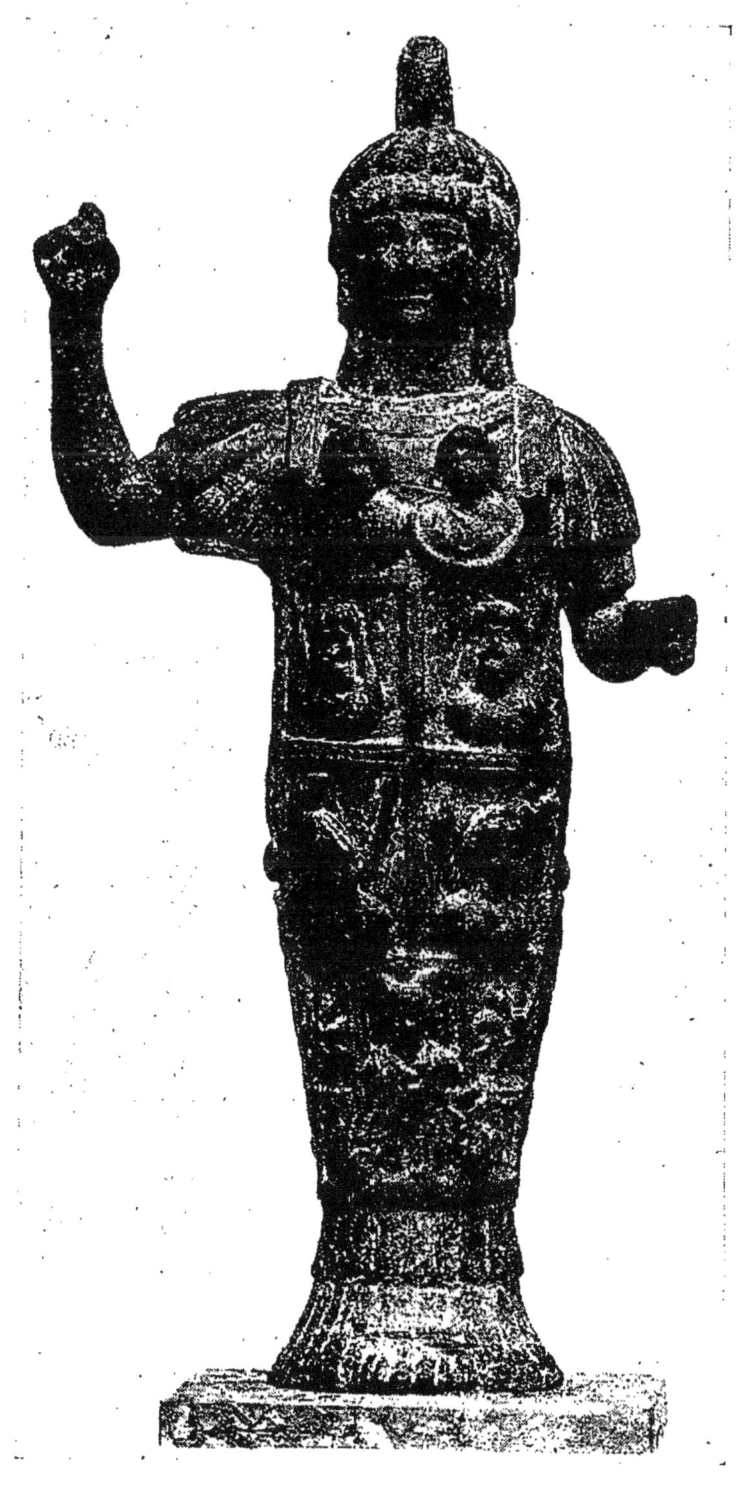

Le Jupiter d'Héliopolis. — Statuette de bronze
(D'après de Ridder, *Collect. de Clercq*, III. pl. xxxv)

la quiétude des formules comme celle de « l'homme malade » d'Orient. Derrière l'homme malade on a trouvé des millions de gens très bien portants. On veut savoir ce qu'ils sont, ce qu'ils pensent. Leur histoire maintenant fait partie de la nôtre.

Ainsi, toutes sortes de motifs, l'art, les voyages, les habitudes de la vie, le souci de l'avenir, la politique même conduisent nos préoccupations vers l'Orient. Mais depuis longtemps l'histoire et la critique historique, qui ont dans le cours du XIXe siècle marché à pas de géants et créé des sciences nouvelles, avaient appris à ceux qui lisent et qui pensent tout ce que l'Orient a fait pour la formation même de notre esprit, de nos mœurs, de nos institutions et de nos arts. Bien qu'il soit « haïssable » de se citer soi-même, vous me permettrez de vous lire deux pages de mon *Catalogue des vases du Louvre* (p. 587-588), qui n'ont pas d'autre mérite que de résumer brièvement ce qu'on peut dire sur ce sujet :

« Si l'on veut bien récapituler toutes les richesses intellectuelles qui de l'Égypte ont émigré en Grèce et en Italie, on comprendra ce que nos ancêtres grecs et latins ont gagné alors, pour nous le léguer ensuite. D'Égypte sont venus en architecture les formes de la pyramide, de l'obélisque, du labyrinthe, l'application du décor végétal à la colonne, tout l'ornemanisme issu de la fleur stylisée, la science des constructions colossales, des grands dégagements de voirie; en peinture la fresque et le procédé de la silhouette, la polychromie de la statuaire, toutes sortes de créations fantastiques comme le Sphinx, la Sirène, la Harpyie, le Silène; en industrie, l'invention du verre, et combien d'ustensiles pratiques de métiers, combien de formes de mobiliers, d'instruments de musique, etc. ? N'est-ce pas encore à l'Égypte que les Grecs ont dû quelques-unes de leurs plus importantes institutions religieuses comme les Mystères, quelques-unes de leurs croyances les plus spiritualistes comme le jugement après la mort ? N'est-ce pas d'elle que l'humanité a appris à concilier deux idées, en apparence contradictoires, le culte du mort dans son tombeau et la croyance à un séjour des bienheureux ? N'est-ce pas aussi leur « double » et leur « ombre » qui revit dans les fantômes et les revenants de nos campagnes ? Sur combien de parties importantes de notre vie moderne le sceau de

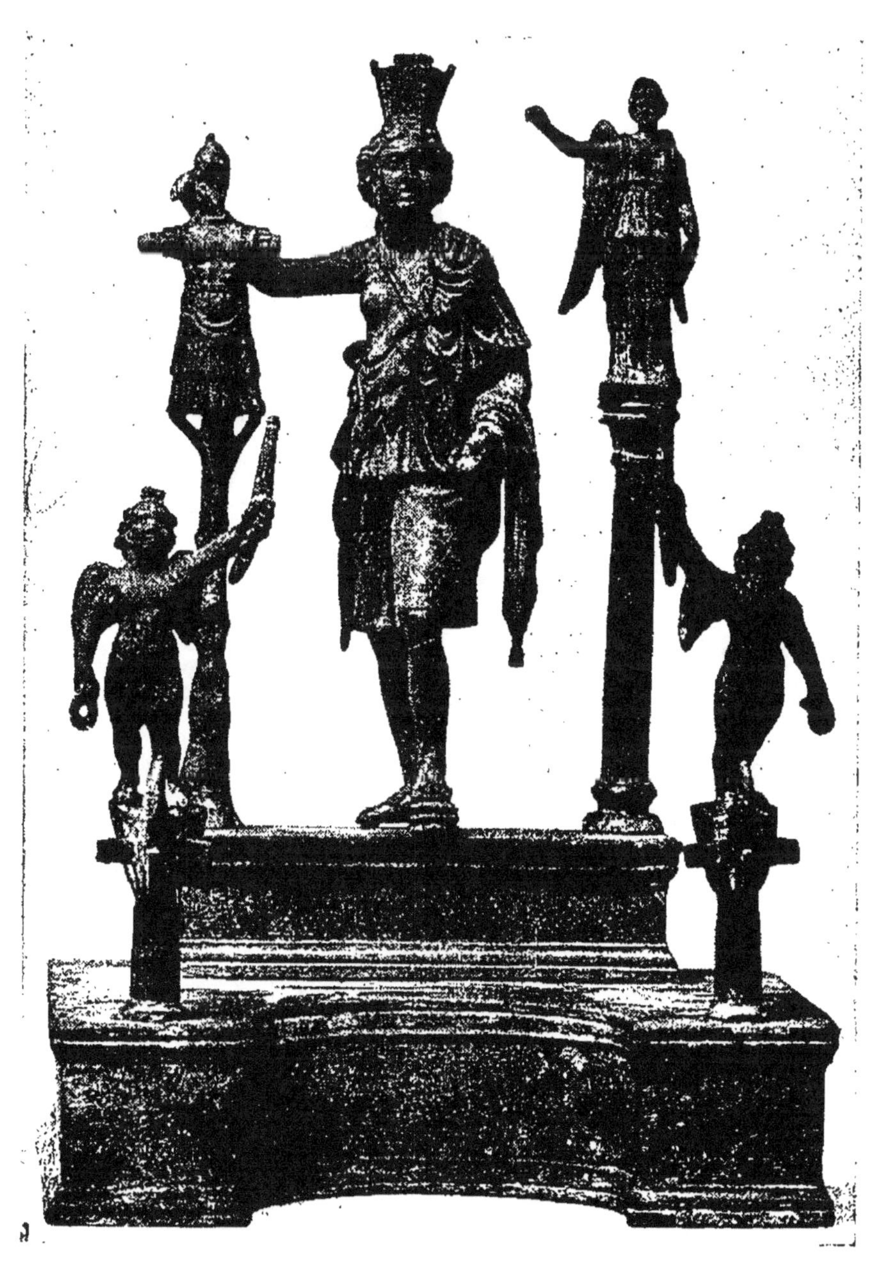

UN LARAIRE SYRIEN. — Bronze
(D'après de Ridder, *Collect. de Clercq*, III, pl. LII)

l'Égypte est encore marquée, et combien avant nous la Grèce et Rome en avaient subi l'empreinte !

Si l'on fait le compte de ce que nous devons à la civilisation chaldéo-assyrienne, les acquêts de ce côté ne sont pas moins considérables : c'est en architecture la tour à étages, l'emploi de la brique, de la voûte, du cintre et de l'encorbellement, le décor en émail, en mosaïque, en haut-relief. C'est en plastique la création du génie ailé, du taureau à face humaine, du griffon, du Centaure et de Pégase, c'est dans le bas-relief l'introduction du paysage et toute la poésie sombre de la guerre ; dans les arts industriels, la tapisserie, les broderies, les groupements héraldiques, source des armoiries et du blason ; dans la vie domestique l'usage des cachets ; dans la vie princière le luxe des étoffes, des habits somptueux et des bijoux, le goût des grandes chasses, les parcs aux fauves ; dans la vie militaire l'organisation des triomphes, la création de la cavalerie, l'invention des lourdes armures, la poliorcétique et la science stratégique. C'est enfin, dans le domaine de la science, l'astronomie. Si nous donnons encore aujourd'hui aux signes du Zodiaque et aux constellations les noms étranges que l'on sait, c'est aux Chaldéens que nous le devons ; si nous comptons les jours de la semaine par sept et l'année par trois cent soixante-cinq jours, si nos paysans croient aux mauvais sorts, s'il y a encore des chiromanciens dans les villes, des devins et des sorcières dans les campagnes, des almanachs qui prédisent le temps et des voyants qui annoncent les malheurs publics, c'est parce qu'il y a un coin chaldéen dans notre cerveau. Enfin n'est-ce pas à un Syrien inconnu que nous devons une des plus belles inventions humaines, celle de l'écriture syllabique ? A un Lydien, que le commerce du monde entier doit la monnaie ? Et comment tant de découvertes bienfaisantes, tant de coutumes, tant de croyances ou de superstitions, tant de formes d'art ont-elles duré jusqu'à nous ? C'est qu'elles ont d'abord pénétré, après les Phéniciens, les Hétéens et les Hébreux, l'âme des Grecs de Milet et de Phocée, celle des Etrusques de Cæré, puis celle des Corinthiens et des Attiques, enfin celle des Romains, et que de proche en proche, comme une immense tache d'huile, elles se sont étendues sur le monde. »

En écrivant ces lignes je n'ai pas craint de

tomber dans ce que mon confrère et ami S. Reinach a spirituellement dénommé « le mirage oriental », car lui-même a dit : (*Chroniques d'Orient*, II, p. 535) « Nous avons nié l'influence de l'Orient sémitique sur l'Europe... tant à l'époque néolithique qu'au début de l'âge des métaux. Mais nous n'avons jamais entendu contester qu'à une époque postérieure — à partir du XIIIe siècle environ avant Jésus-Christ — la civilisation occidentale ne soit devenue, dans une certaine mesure, tributaire de celle des Orientaux. »

On peut dire que non seulement l'antiquité classique, mais aussi la vie moderne et contemporaine en met chaque jour sous nos yeux la preuve éclatante. Pourquoi avons-nous des cénacles et des sociétés d'art qui s'intitulent « peintres orientalistes », pourquoi les ateliers se remplissent-ils de kakémonos et de robes chamarrées, pourquoi fait-on des fresques et des estampes comme celles des Japonais, pourquoi nos affiches, notre art décoratif tout entier se met-il à l'école de la Chine et du Japon, pourquoi nos papiers peints et nos tapis sont-ils tout imprégnés des motifs et des couleurs de l'Orient, pourquoi rassemblons-nous à grands frais des collections de porcelaines, d'armes, de bibelots d'Extrême-Orient ? Pourquoi cette ardeur, pourquoi cet enthousiasme ? Pourquoi moi-même qui vous parle, après avoir passé vingt-cinq années à ne connaître et à n'étudier que la Grèce et l'antiquité classique, pourquoi depuis quelque temps me suis-je jeté délibérément dans ce domaine qui autrefois me paraissait étranger, hors de ma sphère, rempli de choses un peu étranges et curieuses, mais non sympathiques ?

Pourquoi aussi ai-je des confrères, des maîtres qui m'ont donné l'exemple : M. Léon Heuzey qui, après avoir si délicatement disserté sur les terres cuites de Tanagre et les reliefs grecs, s'est fait l'homme de la Chaldée, le patient exégète des monuments de Tello ; M. Paul Foucart, l'helléniste, l'épigraphiste classique, qui s'attache aujourd'hui à relier les origines religieuses de la Grèce à l'Égypte ?

Oui, il faudrait être aveugle pour ne pas voir que nous obéissons ainsi à un mouvement immense qui est celui de notre temps et qui sera un des phénomènes caractéristiques de la fin du XIXe siècle, l'expansion de chaque peuple hors de ses barrières et hors de son histoire

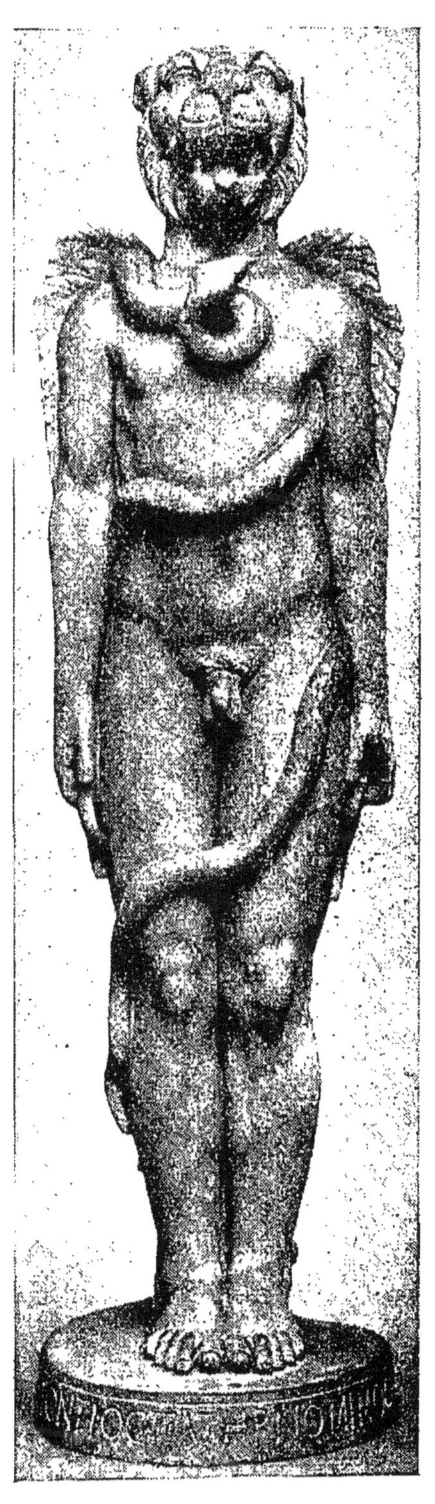

Le Kronos mithriaque. — Statue de marbre
(D'après de Ridder, *Collect. de Clercq*, IV, pl. xxii)

particulière, l'idée internationale, la curiosité de connaître les autres, de les comprendre, et la surprise de s'apercevoir qu'ils sont des hommes comme nous, que, si loin dans l'espace ou dans le temps qu'on les découvre, on retrouve chez eux cette unité fondamentale, ce caractère d'humanité qui aboutit, qui doit aboutir un jour — nous en avons la ferme espérance, — au sentiment de solidarité universelle. Et quel meilleur moyen de forcer les peuples à s'estimer réciproquement, que de leur apprendre à se connaître par l'art, par le goût commun du Beau, par les mêmes jouissances esthétiques?

Voilà pourquoi la Grèce ne nous suffit plus à elle toute seule. Loin de nous d'en médire. Nous lui devons les joies les plus pures de notre existence intellectuelle, et nous lui gardons notre cœur. Mais l'homme du XXe siècle qui s'isolerait dans la contemplation unique de cet art admirable ne serait plus, il faut le dire, qu'un attardé, un homme qui ne comprendrait pas l'histoire, un homme qui ne serait pas de son temps. Et c'est, Messieurs, bien avant moi et dans une langue beaucoup plus parfaite, l'auteur même de la *Mission de Phénicie* qui l'a dit (*Prière sur l'Acropole* ; voy. *Pages choisies* de Renan, p. 170, 171).

Après s'être écrié : « O déesse, je m'attacherai au stylobate de ton temple, j'oublierai toute discipline hormis la tienne, je me ferai stylite sur tes colonnes ; ma cellule sera sur ton architrave... Pour toi, je me ferai, si je peux, intolérant, partial. Je n'aimerai que toi... je serai injuste pour tout ce qui ne te touche pas » etc., Renan se reprend et, avec une douce humilité qui n'est pas exempte d'ironie, il explique à la Minerve victorieuse que sa beauté n'est pas toute la beauté, que par-delà les horizons grecs il y a d'autres horizons et des espaces que l'œil grec est incapable d'embrasser.

« Nous sommes corrompus, dit-il, qu'y faire ? J'irai plus loin, déesse orthodoxe ; je te dirai la dépravation intime de mon cœur. Raison et bon sens ne suffisent pas. Il y a de la poésie dans le Strymon glacé et dans l'ivresse de Thrace... Le monde est plus grand que tu ne crois. Si tu avais vu les neiges du pôle et les mystères du ciel austral, ton front, ô déesse toujours calme, ne serait pas si serein ; ta tête, plus large, embrasserait divers genres de beauté. »

Ce sont bien ces « divers genres de beauté »,

que nous avons soif de connaître aujourd'hui. Et ce n'est plus le privilège d'âmes comme celle de Renan. C'est le désir de tous ceux qui pensent.

Sommes-nous loin de la *Collection de Clercq* ? Tout ce que je viens de dire nous y ramène. Non, certes, que M. de Clercq ait pu prévoir ce que l'avenir réservait au monde, quand il commençait avec son ami Péretié, en 1859-60, sa collection phénicienne. J'offenserais la mémoire d'un homme qui fut toujours modeste, si je lui prêtais l'attitude d'un prophète. Je veux seulement faire remarquer combien il est intéressant de lire dans la première livraison de sa *Collection*, dans sa préface écrite en 1885, une phrase qui révèle ses pensées intimes et qui correspond aussi au sentiment général dont je viens d'exposer les conséquences.

« Lors d'un voyage que j'entrepris autrefois en Orient, je fus profondément frappé de la variété des richesses archéologiques que contenait la Phénicie. Après un assez long séjour et quelques études préliminaires, je constatai que les divers peuples du monde ancien, en se rencontrant dans les ports de la côte d'Asie pour échanger leurs marchandises, y apportèrent en même temps des coutumes, des goûts et des croyances essentiellement différentes, et que, par suite de ce contact permanent, l'art subissait des influences considérables et souvent étranges. J'en conclus que l'histoire de l'art dans ces riches comptoirs présenterait un attrait tout particulier et je me décidai à en faire le cadre de mon travail. »

De Clercq a donc bien compris l'avantage qu'il y aurait à voyager hors de la Grèce. Il a été tourmenté du désir de quitter le rivage classique pour s'aventurer sur une mer un peu moins explorée, pour aller à la découverte. Il est parti un des premiers. Ce n'est pas un mince mérite. Qu'a-t-il rapporté de ce voyage? C'est ce que nous allons maintenant examiner.

II

Je n'aurais pas le temps aujourd'hui d'étudier les sections si diverses et si nombreuses de cette collection. Je rappellerai que par la bonne grâce de Madame de Clercq et de M. de Boisgelin, par les soins de notre confrère et ami M. Babelon, le public a déjà été mis à même de juger de l'importance et de la variété de ce beau musée, lors de l'exposition faite, l'été dernier, au Petit Palais des Champs-Élysées, par la Société des Fouilles archéologiques. On a vu là plusieurs vitrines contenant un choix des pièces les plus intéressantes. Je rappellerai aussi que sous le patronage et sous la direction de l'Académie des Inscriptions, avec des subsides fournis par un legs spécial de M. de Clercq, un archéologue connu, ancien membre de l'Ecole d'Athènes, M. de Ridder, a été chargé de continuer la publication du grand *Catalogue* que M. de Clercq avait commencé en 1885 et qu'il n'eut pas le temps de terminer. Ce catalogue comprend aujourd'hui cinq volumes, deux grands in-4° rédigés par M. de Clercq et trois in-4° plus petits par M. de Ridder. C'est là qu'on peut aller chercher les importants documents que contient la collection.

On y remarque des pièces de premier ordre comme vingt-trois morceaux de la grande frise en bronze de Balawat, dont le reste est au Musée Britannique, la plaque de bronze représentant l'Enfer Assyrien, la stèle d'Amrith, la statue d'Our-Baou, une admirable série de bronzes d'Asie-Mineure, la plus complète qui existe, un ensemble unique de statues de marbre trouvées dans un sanctuaire de Mithra, de très beaux bustes palmyréniens, etc. Les figures ci-jointes donneront une idée de ce magnifique emsemble.

Je m'attacherai plus spécialement à la partie que M. de Clercq a publiée lui-même, parce qu'elle lui tenait plus au cœur et qu'il avait mis là toute son ardeur scientifique. Parmi les monuments orientaux je distinguerai en particulier la catégorie des cylindres, qui est la plus considérable et la mieux étudiée dans les deux volumes écrits par M. de Clercq ou par les collaborateurs qu'il avait lui-même choisis. Là aussi, on remarque l'instinct vraiment remarquable de son goût scientifique. S'occuper d'antiquités orientales, c'était déjà pour un amateur être en avance sur son temps ; mais choisir parmi ces monuments les petits objets, presque inconnus et très dédaignés, qui avaient nom *cachets et cylindres gravés*, c'était encore, à cette époque, faire preuve d'un flair assez rare. Nous avons appris, après trente ou quarante ans d'études, que dans ces modestes petites pierres est contenue presque toute l'histoire de la religion orientale. C'est au-

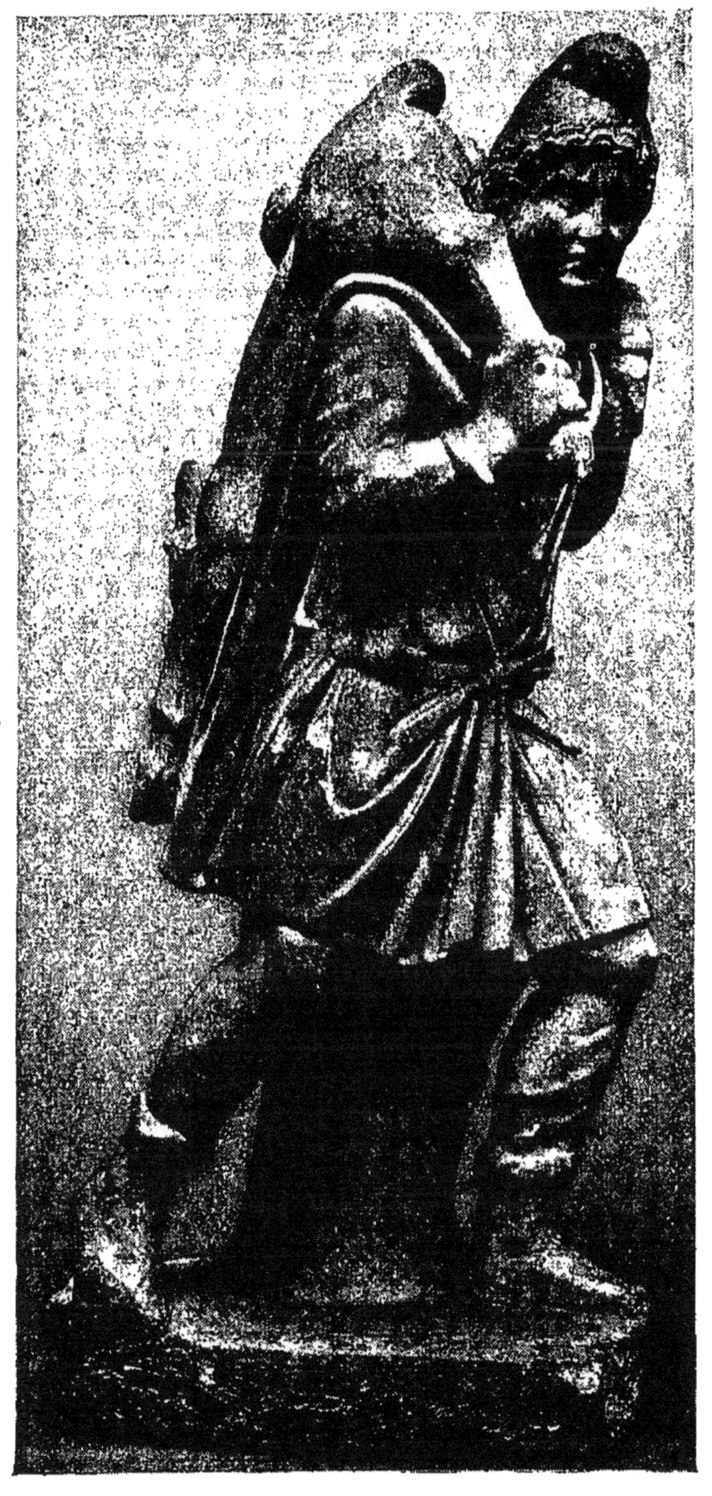

MITHRA TAUROPHORE. — Statue de marbre
(D'après de Ridder, *Collect. de Clercq*, IV, pl. XXI)

jourd'hui, et ce sera de plus en plus, la grande source des exégèses religieuses pour l'Orient. Mais alors les amateurs n'y voyaient que des curiosités, des amulettes couverts d'images à peu près indéchiffrables.

Quand M. de Clercq conçut le projet d'étudier de près et de publier sa magnifique collection de cylindres qui surpassait à ce moment en richesse la plupart des grands musées (le Cabinet des Médailles en 1883 en avait seulement 270, le Louvre un peu plus de 300, le Cabinet de la Haye 150 ; la collection de Clercq en comptait 400 ; le Musée Britannique environ 600), il eut la chance de trouver un collaborateur qui pouvait à la fois le guider et l'aider dans cette tâche, c'était M. Ménant.

M. Ménant, assyriologue distingué, membre libre de l'Académie des Inscriptions, est un des premiers en France qui se soit occupé des cylindres orientaux. Des savants comme Lenormant, Longpérier, Lajard et quelques autres n'avaient fait qu'effleurer la matière. En Allemagne et en Angleterre, avec Grotefend, Cullimore, King, on était un peu plus avancé. Les travaux de M. Ménant nous ont permis de reprendre l'avance. C'est lui qui le premier, dans sa *Glyptique orientale* (2 volumes publiés en 1883), donna la classification raisonnée des sujets gravés sur les cylindres et qui acheva d'en démontrer les liens avec les mythes religieux les plus anciens de la Chaldée, tels que les faisaient connaître les tablettes assyriennes de la bibliothèque d'Assourbanipal. Ces textes précieux, conservés au Musée Britannique, avaient été déchiffrés par G. Smith, admirable et brillante découverte dont M. Ménant venait de résumer lui-même les résultats dans un livre intitulé *La Bibliothèque du Palais de Ninive*, (paru chez Leroux en 1880).

La coïncidence fut très heureuse pour M. de Clercq. Il trouvait au moment précis et désirable le savant qui pouvait le mieux l'aider. Lui et M. Ménant se lièrent d'une amitié scientifique qui dura de longues années et qui produisit les neuf fascicules des deux tomes de la *Collection de Clercq*, publiés de 1885 à 1890.

Dans ces volumes auxquels M. de Clercq et M. Ménant ont travaillé ensemble, il est difficile de mesurer la part exacte de chaque collaborateur. La besogne fut mise en commun et ces nouveaux documents agrandirent singulièrement le champ d'exploration ouvert aux archéologues. Depuis cette date, on peut dire qu'en France on s'est toujours appuyé sur la publication de M. Ménant et de M. de Clercq pour l'étude des cylindres. Je renvoie à *l'Histoire de l'Art* de MM. Perrot et Chipiez, tome II, 1884, au *Manuel d'archéologie orientale* de E. Babelon, 1888, à la *Gravure en pierres fines* du même auteur, 1894. On a placé ici une vitrine avec quelques spécimens de cylindres et de moulages donnés par M. Ménant au musée Guimet ; ce sont précisément ceux qui ont servi à rédiger la *Glyptique orientale.*

Le cylindre servait de cachet pour sceller des contrats et des pièces juridiques. Chaque particulier avait le sien et y faisait graver, soit avec son nom, soit sans son nom, l'image des divinités sous la protection desquelles il aimait à se placer. On roulait le cylindre sur l'argile molle de la tablette de terre qui portait le texte écrit. C'était la signature, le seing privé.

Le premier caractère de cette mythologie est la variété des représentations de divinités. Elles foisonnent sur les cylindres avec une grande diversité d'accessoires, de physionomies : dieux de l'eau, dieux du feu, dieux de la végétation, dieux guerriers, dieux chasseurs. C'est un

Olympe, mais beaucoup plus compliqué que celui des Grecs. On a quelque peine encore à s'orienter au milieu de ce peuple divin, à reconnaître ceux qui sont les grands dieux, à distinguer ceux qui sont les dieux secondaires, à les séparer des mortels. A cet égard, les travaux de

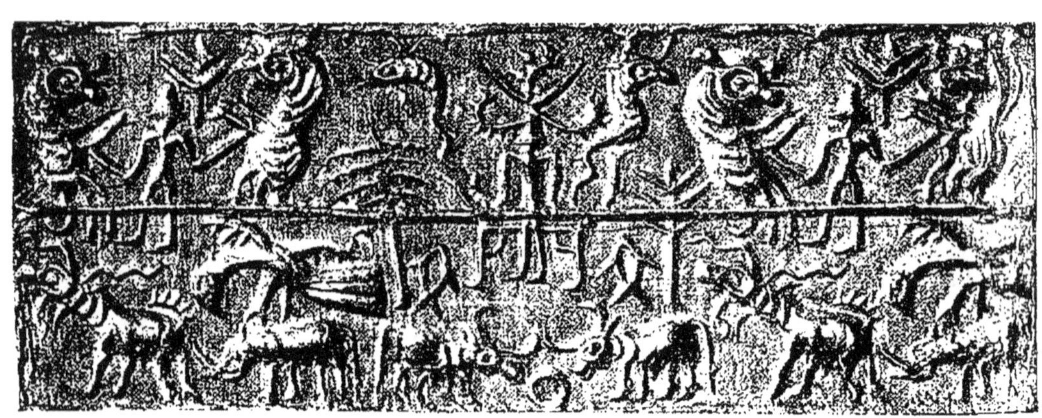

LES ANIMAUX SACRÉS.
Cylindre (d'après la *Coll. de Clercq*, I, pl. III, n° 26)

M. Heuzey ont beaucoup complété et précisé les premières indications fournies par M. Ménant. Je vous recommande surtout les études qu'il a insérées dans son recueil intitulé les *Origines orientales de l'Art*, dans la *Revue archéologique* de 1895, et dans un article des *Mélanges Perrot* où il a établi quelques principes simples et fixes qui empêchent de confondre les dieux et les mortels.

Cette complication de la hiérarchie divine chez les Chaldéens est confirmée par les textes qu'a déchiffrés M. Fr. Thureau-Dangin dans la *Revue d'Histoire et de Littérature religieuse*, 1901 (*La famille et la cour d'un dieu chaldéen*). On y voit l'organisation protocolaire de la cour d'un dieu chaldéen, le dieu Ninghirsou, avec tous ses services et sa domesticité. Le dieu fait son entrée dans la ville de Sìrpourla avec la pompe d'un roi triomphant. Il a près de lui son épouse, la déesse Baou. Il a le chef de la police, les lieutenants de ses armées, son conseiller, l'échanson divin, le ministre de son harem, son valet de chambre, son cocher, son berger ; il a son chanteur et sonneur de cymbales, son joueur de tambourin ; il a son fermier, son pêcheur, son intendant, son architecte. On mentionne aussi les sept enfants qu'il a eus de sa femme. C'est une maison complète qui nous fait très bien comprendre le train d'une habitation princière en Mésopotamie, vers le XXXVe siècle avant notre ère, il y a plus de cinq mille ans. Et cette organisation ne diffère guère de celle des grands potentats orientaux actuellement régnants. On saisit là sur le vif, la force incroyable et toute puissante des traditions, des habitudes sociales dans les pays d'Orient. La façon dont on vit aujourd'hui dans l'entourage du sultan, dont on l'approche, dont on lui présente les étrangers, les solliciteurs, est figurée déjà dans ses traits

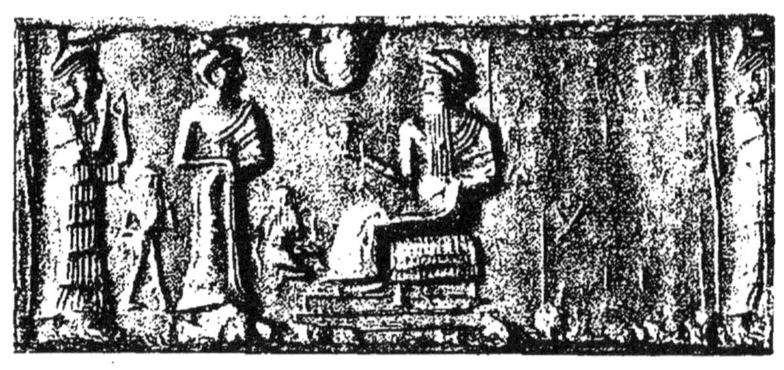

L'ADORANT CONDUIT DEVANT LE DIEU SUPRÊME. — Cylindre (D'après la *Collect. de Clercq*, I, pl. XIII, n° 113)

essentiels sur les cylindres du temps de Goudéa!

Le second caractère de cette mythologie, c'est de conserver plus que les autres, plus que la religion grecque, même plus que la religion égyptienne en certains points, des traces du fonds primitif des religions antiques. Jamais terrain n'a été mieux stratifié, mieux divisé en couches superposées, quand on le regarde bien. Assurément la religion égyptienne est unique par la façon dont elle nous présente l'étape essentielle qui a été l'adoration de l'animal, l'incarnation des mystères de la vie et de la création dans la force bestiale. Mais elle a, par l'abondance même des monuments relatifs aux dieux animaux, enseveli et caché les couches plus profondes que nous découvrons dans la religion chaldéenne : adoration de la pierre, adoration des éléments simples, de l'eau, du feu, adoration du végétal, toutes conceptions religieuses qui se sont peut-être développées concurrement et parallèlement avec la divinisation de l'animal, mais qui appartiennent à un *substratum* plus ancien, plus primitif, plus sauvage, plus près de cet homme *primigenus*, père de tous les hommes, dont l'histoire et l'anthropologie cherchent de nos jours avec tant de passion à déterminer les caractères (voy. les deux volumes récemment parus de M. S. Reinach, *Cultes, Mythes et Religions*, Leroux, 1905 et 1906.) Les religions chaldéennes nous font passer à travers toutes sortes d'images où l'on voit avec précision les emblèmes sacrés représenter successivement le cône de pierre, le vase d'eau ruisselante, la plante aux volutes épanouies, les animaux, oiseau, serpent, taureau, les signes stellaires, soleil en étoile rayonnante, lune en croissant, puis le dieu sous la forme humaine, le dieu soleil lui-même, écartant les portes du ciel, mettant le pied sur la montagne et apparaissant aux mortels, les grands dieux hiérarchisés, le dieu El, Jupiter suprême et souverain, la déesse Istar, sorte de Pallas guerrière, la déesse de la maternité, sorte d'Isis ou d'Aphrodite ayant un enfant sur ses genoux, enfin le combat des grands dieux avec les démons aux faces monstrueuses, ailés et griffus, c'est-à-dire la ruine du fétichisme primitif et le triomphe du symbolisme plus épuré. C'est une ascension logique et rationnelle dans le monde divin, qui nous mène peu à peu dans un Olympe souverain, très semblable à celui de la Grèce, mais dont on comprend beaucoup mieux les origines et la lente formation. Partie des conceptions les plus grossières de l'animisme et de la sorcellerie, qui prête la vie et le mystère même aux objets inanimés, puis aux animaux et enfin aux dieux à forme humaine, la religion chaldéenne aboutit à une conception qui demeurera celle de l'humanité pendant des siècles, — qui persiste encore à être celle de tant de peuples contemporains — une divinité suprême, entourée et servie par une légion de dieux secondaires, hiérarchisés et disciplinés comme dans une monarchie.

En troisième lieu, nous y saisissons un élément qui manque à la religion égyptienne et qui sera repris avec beaucoup de puissance et de poésie par les Grecs : le dieu mixte, le demi-dieu, le héros qui vit sur terre parmi les hommes, mais qui est plus grand que tous les autres, qui sert d'intermédiaire entre la foule des humains et le monde céleste. En Égypte il y a le roi, mais le roi est dieu, il est l'incarnation de la divinité sur terre ; chacun de ses membres est sacré ; il n'a plus rien d'humain. Le héros chaldéen est semblable au héros grec. Il souffre comme lui les maux de la condition humaine, il combat, il est vainqueur ou vaincu, il meurt. Il accomplit son œuvre par l'effort et par la volonté. Telle est la belle figure de celui que, par suite d'une lecture inexacte, on a longtemps nommé Isdoubar et qu'on appelle aujourd'hui Ghilgamès. Il apparaît souvent sur les cylindres.

Descendant d'un roi de la ville d'Ourouk qui a vu le Déluge, Ghilgamès est une sorte d'Hercule dont la force extraordinaire triomphe de tout. Ses ennemis réussissent à lui imposer des épreuves, en particulier d'aller combattre un taureau gigantesque, envoyé par les dieux. Isdoubar le dompte et l'amène apprivoisé, docile, acceptant de sa main le breuvage d'eau qu'il lui verse. C'est le sujet du plus beau cylindre, du joyau de la collection de Clercq, portant

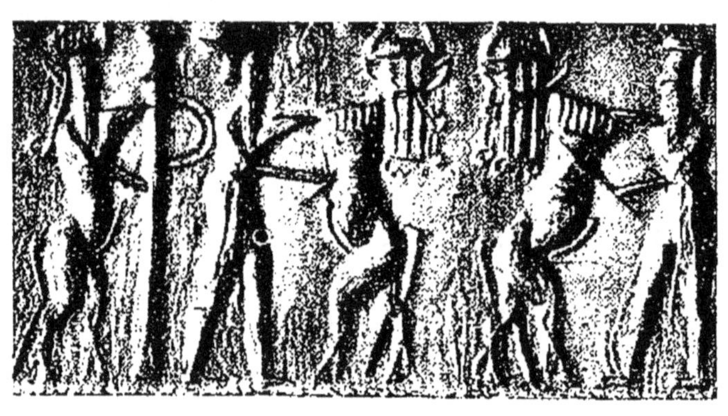

GHILGAMÈS ET EABANI COMBATTANT LE TAUREAU A FACE HUMAINE
Cylindre (d'après la *Coll. de Clercq*, I, pl. XXXIX, n° 58 *bis*)

le nom du roi Sargani, Sargon l'Ancien, antérieur à l'an 3500 avant notre ère.

Ailleurs c'est un autre exploit. Ghilgamès doit aller combattre une sorte de monstre sauvage, Eâbani, le batailleur ; il a la forme d'un homme, avec les cornes d'une chèvre, les jambes et la queue d'un taureau ; son corps est couvert de poils, les mèches de ses cheveux sont hérissées sur sa tête. Il figure aussi sur les cylindres. C'est, en somme, l'ébauche d'un Silène grec ou d'un Pan. Ghilgamès réussit encore à triompher d'Eâbani dont il fait son compagnon fidèle, son serviteur et son ami ; tel Hercule avec Iolaos. A eux deux ils taillent en pièces tous les ennemis de la ville d'Ourouk.

Alors Istar, la déesse, conçoit pour le héros un amour brûlant : « Viens, dit-elle(c'est le texte des tablettes de la bibliothèque d'Assourbanipal), sois mon époux et je serai ta femme. Je te ferai monter sur un char de lapis et d'or, avec des roues d'or et des montants d'onyx; il sera attelé de grands lions et tu entreras dans ma demeure aux fumées odorantes du cèdre. Les rois se courberont devant toi ; les seigneurs et les grands t'apporteront les dons de la montagne et les dons de la plaine; la mer embrassera tes pieds... » On croirait entendre le *Cantique des Cantiques*.

Mais Ghilgamès n'aime pas et il repousse la déesse en termes discourtois ; il rappelle à cette Vénus chaldéenne ses amours si nombreuses, ses infidélités. « Tu m'aimes maintenant et demain tu me frapperas. »

Quand Istar l'entendit, elle entra en fureur et monta au ciel. C'est la scène de Thétis aux pieds de Jupiter. Elle s'adresse au Dieu suprême

« Mon père, on m'a méprisée. Venge-moi. » Et le dieu lance contre la ville d'Ourouk un taureau furieux, aux cornes menaçantes. Rappelez-vous Neptune faisant sortir des flots le taureau marin qui doit tuer Hippolyte dans

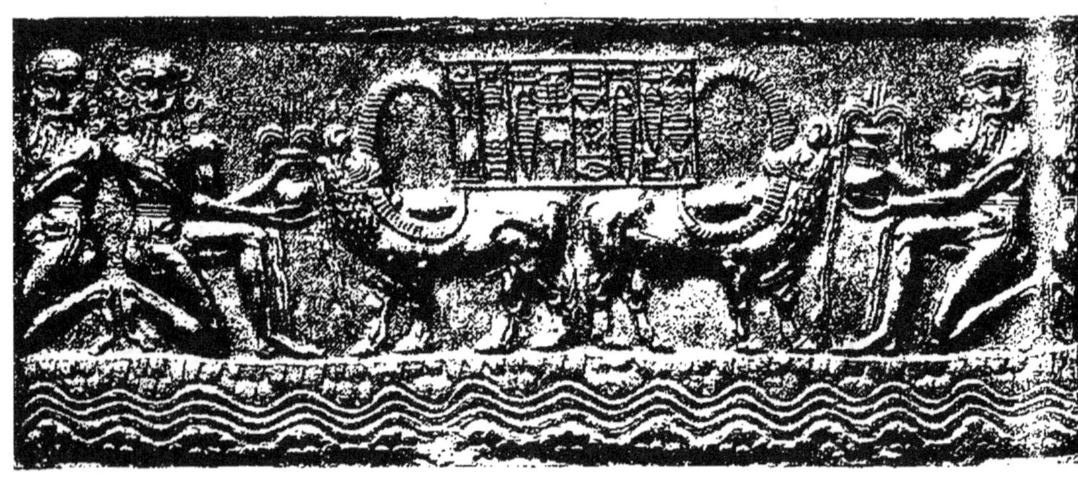

GHILGAMÈS ABREUVANT LE TAUREAU SACRÉ. — Cylindre de Sargon l'Ancien (D'après la *Collect. de Clercq*, I, pl. v, n° 46)

la pièce de *Phèdre*. Mais Ghilgamès, aidé de son fidèle Eâbani, triomphe encore du taureau. A eux deux ils le tuent, le dépècent et dispersent ses membres. C'est une scène figurée à maintes reprises sur les cylindres, en particulier sur un magnifique cylindre de New-York, publié par M. Ménant.

Alors, dans la même nuit, Istar se venge. Elle frappe le héros de la lèpre, la maladie si redoutée de l'Orient. Ghilgamès devient un objet d'horreur pour tous. Il faut qu'il aille dans les Enfers et qu'il boive l'eau miraculeuse, contenue dans un puits sacré, pour se guérir. C'est la dernière et la plus dangereuse épreuve, qui rappelle la descente d'Hercule aux Enfers. Le voyage s'accomplit à travers mille péripéties, mille dangers, auxquels le fidèle Eàbani finit par succomber. Et Ghilgamès continue seul son voyage et il finit par retrouver dans les Enfers son père, le vieux roi d'Ourouk, comme Énée retrouve Anchise, comme Ulysse retrouve sa mère. Enfin il reviendra sur terre, ayant cueilli le rameau d'or des Enfers, purifié et guéri.

Une grande partie de cette belle légende, que nous font connaître les textes cunéiformes, est illustrée par les images des cylindres de la *Collection de Clercq*. C'est un des plus vieux contes qui aient bercé l'humanité. Il nous fait pénétrer dans la littérature même de ces peuples anciens, si pleine de poésie et d'imagination, si apparentée à la littérature et à la mythologie grecque, mais douée d'une couleur, d'une énergie et d'une simplicité qui sont vraiment bibliques, qui marquent une parenté étroite avec les livres des Hébreux. Ce mythe du héros, traversant toutes sortes d'épreuves, fort, invincible, et pourtant souffrant, malheureux, persécuté, qu'est-ce autre chose que la

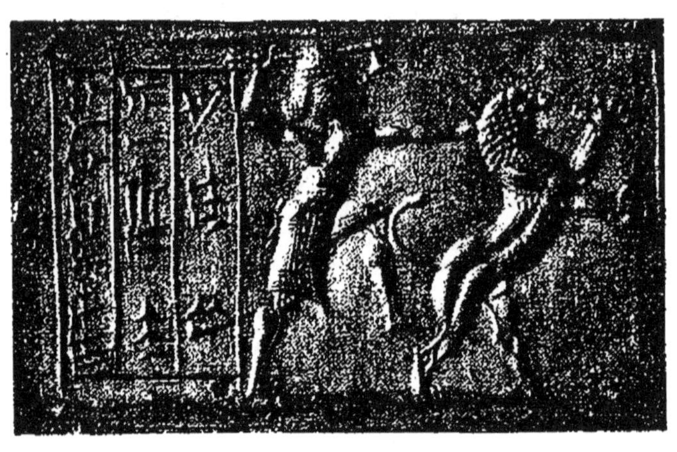

CHASSE AU LION. — Cylindre
(D'après la *Collect. de Clercq*, I, pl. XXXIII, n° 360)

première conception de l'humanité elle-même, personnifiée dans le plus beau de ses enfants, mais accablée par la *némésis* des dieux, par la jalousie du sort, menant une vie sombre et douloureuse, en dépit de ses efforts et de son courage? C'est l'idée que l'art grec, puis l'art du moyen âge, enfin l'art moderne, ont magnifiquement commentée et amplifiée. Nous savons aujourd'hui que ce sont les poètes et les artistes de la Chaldée qui, pour la première fois, l'ont créée et développée.

J'espère que ces réflexions suffiront à vous montrer l'importance de la science nouvelle qui se forme sous nos yeux et qui devient en ce moment un des chapitres les plus considérables de l'histoire de la pensée humaine. Dans cette histoire j'ai cherché à vous montrer que les monuments de la *Collection de Clercq* occupent une place importante. Grâce à l'heureuse initiative de cet amateur érudit, la France s'est assuré un ensemble de documents, qui pour les savants de notre pays ont été le point de départ de recherches devenues chaque jour plus utiles et plus instructives. Il ne nous reste à exprimer qu'un vœu : c'est que la dernière pensée, le dernier désir de M. Louis de Clercq soit exaucé par ses héritiers et qu'un jour cette magnifique série fasse partie de nos collections publiques, afin que tous les travailleurs y aient accès. Nous en avons d'ailleurs, dès à présent, la ferme assurance, grâce aux promesses faites avec tant de bonne grâce et de libéralité par Madame de Clercq et par son neveu M. le Comte de Boisgelin. Je suis heureux de le dire ici et de les en remercier publiquement.

TABLE DES MATIÈRES
DU TOME XIX

Chalon-sur-Saône, imprimerie française et orientale E. Bertrand